알쏭 달쏭 영문법 ②

서 용 득 지음

저자 **서용득**(徐龍得)
SUH, Yong-deuk

현재 경상대학교 영어교육과 교수
경상대학교 사범대학 영어교육과(문학사)
고려대학교 대학원 영어영문학과(문학석사)
고려대학교 대학원 영어영문학과(문학박사)
미국 The University of Wisconsin at Madison 교환교수
영국 The University of Sheffield 교환교수

『Intensive Laboratory English』(신아사, 1994)
『영어듣기와 말하기 이해의 지름길』(인터비전, 1998)
『영어드라마 활용의 길』(인터비전, 1998)
『영미 드라마 즐기기』(인터비전, 1999)
『영어드라마 활용의 이론과 실제』(인터비전, 2001)
『Easy Grammar 사귀기』(인터비전, 2006)
『Easy Grammar 놀기』(인터비전, 2006)
『별 것 아닌 영어발음』(인터비전, 2006)
『차와 드라마 마주 앉다』(인터비전, 2007)
『영어발음 별 건가요?』(인터비전, 2007)
『영어 영재를 어떻게 선발할 것인가?』(인터비전, 2009)
『영문학을 활용한 영어교육』(인터비전, 2009)
『TOEIC의 정석』(컴퍼스미디어, 2011)
『33가지 알짜영어 맛보기: 문법편』(영출판사, 2011)
『33가지 알짜영어 맛보기: 어휘편』(영출판사, 2012)
『영어교육과 문화 나들이』(경상대학교출판부, 2012)
『TOEIC 어휘, 1,000 이것만 하면 된다!』(영출판사, 2012)
『33가지 알짜영어: 문법편』(영출판사, 2012)
『33가지 알짜영어: 어휘편』(영출판사, 2012)
『Jumping on TOEIC Stage』(JRM, 2013)
『33가지 기초 영문법 노트』(영출판사, 2013)
『33가지 마인드 맵 영문법』(영출판사, 2013)
『누구나 영어발음 잘 할 수 있다!』(영출판사, 2014)
『영문법 에세이: 문장 제대로 파악하기』(영출판사, 2014)
『영문법 에세이: 동사와 친?인척과 함께』(영출판사, 2014)
『알쏭 달쏭 영문법 ①』(영출판사, 2014)
『The TOEIC Winner』(JRM, 2015)
『알쏭 달쏭 영문법 ③』(영출판사, 2015)
『영문법 에세이: 명사와 친 · 인척들과 함께』(영출판사, 2015)
『영문법 에세이: 우리 모두 모여 파티를』(영출판사, 2015) 등 책 여러 권 출간

들어가면서

영문법의 성은 견고한가? 영문법의 세계는 아름다운가? 영문법이 영어를 공부하는 우리들에게 어떤 도움을 주는가? 더 나아가 우리는 왜 영문법에 관심을 가져야 하는가에 대한 근본적인 물음과 적절한 답이 없이 우리나라에서 영어를 가르치는 사람이나 영어 학습지들은 길을 잃고 헤매고 있는 것은 아닐까? 영문법의 길을 잃은 나그네에게 길을 안내해준다는 사람들은 너무 많은데, 과연 얼마나 영어 학습자가 제대로 된 길을 찾아갈 수 있도록 안내하는 지에 대한 궁금증이 일어난다.

공부는 왜 하는가? 영어공부는 왜 하는가? 영문법 공부는 왜 하는가에 대한 물음이 없이 우리는 자신도 알 수 없는 세계 속으로 계속 빠져들고 있는 것은 아닌지...

지금까지 우리 영어교육 현장에서 영어를 가르치는 사람들에 의해 무시되어 왔거나 무관심의 영역에 있었던 문법 개념들에 대한 제대로 된 이해를 도모하기 위해 이 책은 마련되었다. 그런 생각들을 영문법의 항목과 연관 지어보려는 시도를 해보았다. 영어교육·학습과 관련된 수많은 연구에 따르면 우리나라의 영어 학습자들이 가장 어려워하는 부분은 영문법이라고 한다. 영어를 가르치는 사람이나 영어 학습자가 영문법의 개념을 먼저 제대로 이해하고 영문법 항목의 종류 및 쓰임새를 가르치고 배워야 할 것이다.

영어를 가르치는 사람은 먼저 인간으로서 영어 학습자를 먼저 생각할 수 있어야 한다. 요즘 흔한 말로 수요자 중심 또는 학습자 중심의 영어 교수·학습이 이루어지려면 어떻게 해야 할 것인가? 그러니까 우리들의 영어 교수·학습의 밑바탕에 휴머니즘(humanism)이 있지 않으면 인간의 삶에 대한 후회는 뒤따르게 마련이다. 사람을 소중하게 생각하고, 영어 학습자가 먼저라는 생각에서 영어교육은 출발해야 한다. 그렇게 된다면 영어교육 현장은 엄청난 변화를 가져오게 될 것이다. 따라서 영어교수·학습이 인간을 먼저 생각하는 영어교육이 되어야 하고, 그러기 위해서 영어 학습자의 삶에 순기능적이고 긍정적인 도움을 주고 영향을 끼칠 수 있도록 해야 한다.

영어교육과 관련된 수많은 논문들이 우리나라 영어교육 현장을 보다 더 나은 방향으로 나아갈 수 있도록 얼마나 기여하는지에 대한 비판적 성찰도 필요할 것이다. 혹시 영어 교육은 정치적인 힘의 논리에 이끌려온 것은 아닌지에 대한 진지한 반성도 해 볼 필요가 있을 것이다. 그리고 우리나라에서는 외국어인 영어를 왜 공부해야 하는가라는 근본적인 물음부터 던지지 않을 수 없다. 영어가 먼저가 아닌 사람이 먼저라는 생각에서 영어 가르침은 시작되어야 한다. 그렇게 하려면 영어의 교수·학습의 목표에 대한 비판적 성찰이 있어야 하고, 영어를 가르치는 방법과 목적이 많이 달라져야 할 것이다.

지금까지 우리는 여러 가지 문법 항목에 관해 무비판적으로 받아들이고 있는 것들이 알쏭 달쏭하다고 할 수도 있고, 무감각하다고 할 수도 있고, 그냥 문법 항목의 차이점이 어디에 있는지 모를 수도 있다는 생각이 든다. 이 책에서는 우리들에게 어쩌면 무감각하게 지나쳐 버렸거나 지나치고 있는 문법 항목들을 보다 더 심층적으로 들여다보면서 설명을 하고 있다. 그러니까 각 장의 처음에 관련된 문법 항목의 기본 개념을 제시하면서 미묘한 뜻의 차이와 쓰임새의 차이를 나타내는 영문법 항목을 제시하고 있다. 영어를 가르치는 사람이나 영어 학습지가 조금만 더 생각해 보면 궁금하게 생각되는 문법 항목들에 대한 관심과 호기심에서 비롯되었다.

우리나라의 영어 교육·학습 현장에서 일단 문법 항목은 기본적으로 같다고 설명하는 영어 표현들이 사실상 같지 않은 경우를 찾아서 영어 쓰임새의 현장을 보다 더 깊이 들여다 보았다. 그 현장에 들어가 보면 정말 묘한 느낌이 들 것이다. 각 항목과 관련된 내용을 먼저 간단히 제시하고 제시된 항목들에 대한 구체적인 설명을 하고 있다. 이 책이 우리들에게 외국어로서의 영어에 대한 올바른 감각을 일깨우고, 보다 더 정확하고 제대로 된 영어 이해와 표현을 하는데 도움이 될 수 있는 출발점이 된다면 일차적인 목표는 달성된 셈이다.

차례

PART 1

동사

1 be careful과 make sure의 차이

2 accomplish와 achieve의 차이

3 think의 쓰임새

4 deal in과 deal with의 쓰임새

5 catch와 understand의 차이

6 choose between과 choose from의 차이

7 be concerned about sth과 be concerned with sth의 차이

8 die of와 die from의 차이

9 end와 end up의 차이

10 fight와 fight against의 차이

11 go와 come의 차이

12 hinder와 prevent의 차이

13 amuse oneself와 enjoy oneself의 차이

14 apply to와 apply for의 쓰임새

15 approve sth과 approve of sb/sth의 쓰임새

1 be careful과 make sure의 차이

be careful은 '조심하다'라는 뜻으로 누군가가 사고를 내지 않도록, 실수를 하지 않도록 또는 해[손해]를 불러일으키려는 어떤 것을 하려는 그 무엇에 누군가에게 특별한 주의[관심]를 기울이길 원할 때 쓰인다.

make sure (that)는 '반드시 (…하도록) 하다[(…을) 확실히 하다, (…임을) 확인하다'라는 뜻으로 누군가가 어떤 것을 하는 것이나 확인하는 것을 잊지 않도록 말하기 위한 경우에 쓰인다.

〈be careful의 경우〉

Be careful!

(조심해!)

Be careful of the traffic.

(차들 조심해.)

Be careful you don't bump your head.

(머리 찧지 않도록 조심해.)

Be careful! You're about to spill you coffee.

You should be careful about what you say to her. She is easily offended.

〈make sure (that)의 경우〉

Make sure (that) no one finds out about this.

(반드시 아무도 이것에 대해서 알지 못하도록 하라.)

She looked around to make sure that she was alone.

(그녀는 자신이 혼자 있는지[다른 사람이 아무도 없는지] 확인하기 위해 주위를 둘러보았다.)

Our staff will do their best to make sure you enjoy your visit.

(반드시 당신의 방문이 즐거운 것이 되도록 저희 직원들이 최선을 다할 겁니다.)

Make sure that you don't leave your key in the car.

Before you set off, make sure that you have enough petrol.

2 accomplish와 achieve의 차이

accomplish는 '완수하다, 성취하다, 해내다'라는 뜻으로 쓰인다. achieve는 '달성하다, 성취하다, (…을[를]) 해내다[이루다], 잘 해내다, 성공하다'라는 뜻으로 쓰인다. 겉으로 보기에 accomplish와 achieve는 거의 같은 뜻으로 보인다.

accomplish는 당신이 어떤 것을 가까스로 하거나 마무리를 짓는 것을 말하는데, 이 때 그 어떤 것은 특별히 당신에게 만족을 주는 것이다.(you manage to do it or complete it, especially something that gives you satisfaction)

그런데 achieve는 당신이 하거나 얻기 위해 계획을 해 온 것을 특별히 많은 노력이 있은 후 가까스로 하거나 얻게 되는 경우에 쓰인다.(you manage to do or obtain what you have planned to do or obtain, especially after a lot of effort)

〈accomplish의 경우〉

That's it. Mission accomplished.

(다 됐어. 임무 완수)

I don't feel I've accomplished very much today.

(내가 오늘은 별로 해 낸 게 없는 것 같다.)

The first part of the plan has been safely accomplished.

(계획의 첫 부분은 안전히 완수되었다.)

If we'd all work together, I think we could accomplish our goal.

They are skeptical about how much will be accomplished by legislation.

〈achieve의 경우〉

He had finally achieved success.

(그는 마침내 성공을 거두었다.)

I haven't achieved very much today.

(나는 오늘 해낸 게 별로 없다.)

Their background gives them little chance of achieving at school.

(그들의 배경 때문에 그들이 학교 공부를 잘 할 가능성이 별로 없다.)

On the test drive, Segrave achieved speeds of over 200 mph.

The company intends to achieve all these goals within the next five years.

* 그런데 achieve가 accomplish를 의미하는 뜻으로 쓰이는 경우도 있다.

By the end of the course, you will feel that you've really achieved something.

(과정이 끝날 때쯤이면 당신은 무언가를 정말로 이루었다는 것을 느끼게 될 것이다.)

3 think의 쓰임새

think는 '(…라고) 생각하다, (생각에) …일 것 같다, (…라고) 믿다'라는 뜻이다. think는 다양하게 쓰인다. ① think 다음에 명사절을 이끌고 오는 경우, ② think about으로 쓰이는 경우, ③ think of로 쓰이는 경우, ④ think가 진행형으로 쓰이는 경우와 ⑤ Do not think (that)로 쓰이는 경우 등이 있다.

①의 예

이 경우 think 다음에 that를 쓸 수도 있고 생략할 수도 있다.

I think that you're wrong.

(나는 네 말이 틀렸다고 생각한다.)

I thought I heard a scream.

(나는 비명 소리를 들은 것 같았다.)

Do you think (that) they'll come?

(그들이 올 거라고 생각하니[올 것 같니]?)

I thought we could go to the lake this morning.

I thought the dishwasher was broken, did you get it fixed?

②의 예

think about sb/sth은 '(어떤 일을 하거나 계획할 때) …에 관해[대해] 생각[고려]하다'라는 뜻으로 무엇에 대해 생각을 많이 하는 경우에 쓰인다.

What did you think about the idea?

(넌 그 아이디어에 대해[그 아이디어를] 어떻게 생각하니?)

Don't you ever think about other people?

(넌 다른 사람들은 전혀 생각 안 하니?)

I can't tell you now—I'll have to think about it.

(지금은 말씀드릴 수가 없어요. 그것에 대해 생각을 해 봐야겠어요.)

It was a difficult situation, when you think about it.

Have you ever thought about what you'd like to do for a living?

* when/if you think about it는 '생각해 보면' 뜻으로 분명하지 않은·앞서 언급되지 않은 사실에로 관심을 돌릴 때 쓴다.

If you think about it, this is a serious issue.

(곰곰이 생각해보면, 이건 심각한 문제이다.)

It was a difficult situation, when you think about it

(생각해 보면 그 땐 힘든 상황이었다.)

When you think about it, most of what he says doesn't make sense.

(그것에 관해 생각해 보면 그가 말하는 대부분의 것을 말이 안된다.)

And when you think about it, why would she know where he is?

③의 예

think of sb/sth은 '…을[를] 생각하다[머리에 떠올리다], …을[를] 생각해 내다, …을[를] 생각[기억]하다[~이 생각나다/기억나다'라는 뜻으로 쓰인다.

Can anybody think of a way to raise money?

(돈을 모을 방법을 생각해 낼 수 있는 사람 누구 없어요?)

Have you thought of a name for the baby yet?

(아기 이름은 벌써 생각해 놓으셨어요?)

When I said that I wasn't thinking of anyone in particular.

(내가 그 말을 했을 때 어떤 특정한 생각한 것은 아니었다.)

I don't think much of that new restaurant.

I can think of at least three occasions when he arrived late.

* 그런데 think of sb/sth as sb/sth은 '…을[를] ~으로 생각하다[여기다]'라는 뜻으로 쓰인다.

I think of this place as my home.

(나는 이 곳을 나의 고향으로 생각한다.)

She is thought of as a possible director.

(그녀는 이사 후보로 생각되고 있다.)

I always think of you as one of the family.

(난 항상 너를 가족의 한 사람이라고 생각해.)

Why didn't I think of that idea before?

What do you think of the new teacher?

think of/about doing sth은 '…하는 것을 생각[고려]하다'라는 뜻으로. 미래의 가능한 행위에 대해 관해 말할 때(When you are talking about possible future actions) 쓰인다.

I couldn't think of letting you take the blame.

(나는 당신이 그 비난을 받도록[책임을 지도록] 내버려두는 것은 생각할 수 없을 것 같다.)

I've often thought about starting my own business.

(나는 자영업을 시작하는 것에 관해 종종 생각해 오고 있다.)

They're thinking of starting their own health food business.

(그들은 그들 나름의 건강식 사업을 시작하는 것을 고려하고 있다.)

We're thinking about going to Disneyworld again next year.

Employers think twice about hiring someone who has done time in jail.

④의 예

think는 일반적으로 상태를 나타내는 동사로 견해나 의견을 나타내면서 진행형으로 쓸 수 없다. 그런데 think가 진행형으로 쓰이는 경우에는 '…을[를] 고려하다'(=consider)라는 뜻으로 쓰인다.

She is thinking something.

(그녀는 무언가를 곰곰이 생각하고 있다.)

He's thinking about the problem.

(그는 그 문제에 관해 고려하고 있다.)

You're very quiet. What are you thinking?

(너 아주 조용하구나. 무슨 생각하니?)

I was just thinking what a long way it is.

I'm thinking about where to go for next holiday.

⑤의 예

think (that) ... not 보다 do not think (that)~이 흔히 있는 표현이다. 이런 경우는 believe, imagine나 suppose, feel 등의 동사 경우에도 적용된다.

I didn't think you liked sports.

(나는 네가 스포츠를 좋아한다고 생각하지 않았다.)

I don't think that's ever happened to me.

(그것이 내게 일어나리라고는 생각하지 않는다.)

I don't think I can afford the party this year.

(나는 올해 파티를 할 수 있다고 생각하지 않아요.)

I don't believe what I just heard.

(나는 방금 들은 것을 믿지 않는다.)

I don't imagine I'll be here very long.

(나는 내가 여기 오래 있을 거라 생각지 않아.)

I don't suppose I should ask what happened to you.

(당신에게 무슨 일이 있었는지를 저가 물어선 안 될 것 같군요.)

I don't imagine (that) they'll refuse.

(그들이 거절하지는 않을 거라고 난 생각해.)

I don't suppose that ever happens to you.

(난 너한테 아무 일도 일어나지 않으면 좋겠어.)

I don't believe that this is happening to me.

(나는 이것이 나에게 일어난 것을 믿을 수 없다.)

I don't believe he's coming back today.

I don't suppose you could give me a lift.

I don't imagine they'll be coming after all.

* 그리고 think sth over는 '(특히 결정을 내리기 전에) …을[를] 심사숙고하다'라는 뜻으로 쓰인다.

She said she needs time to think it over.

(그녀는 그것에 대해 심사숙고할 시간이 필요하다고 말했다.)

He'd like more time to think things over.

(그는 상황을 심사숙고할 시간을 더 가지고 싶어 해요.)

Why don't you think it over for a while, and give me a call.

* 특별히 의사결정을 하기 전에 무언가에 관해 진지하게/주의깊게 생각하는 경우에는 think seriously/carefully로 사용한다.

Think seriously about your future.

(너의 장래에 대해서 진지하게 생각해 봐.)

I believe that we must begin to think seriously about it.

(우리는 그것에 관해 진지하게 생각해야 한다고 저는 믿습니다.)

The job has a lot of attractions and in my opinion you should think seriously about it.

You should also think carefully before spending money.

(너도 돈을 쓰기 전에 곰곰이 생각을 하도록 해.)

She didn't always think carefully about what she was doing.

(그녀는 자신이 무엇을 하고 있는지는 신중하게 생각하지는 않았다.)

Think carefully before you resign if you don't want to burn your bridges.

(사직하기 전에 신중히 생각해. 다시 돌이킬 수 없게 만들고 싶지 않으면.)

* come to think of it는 '그러고 보니(갑자기 어떤 기억이 나거나 무엇의 중요성을 깨달았을 때 하는 말)'라는 뜻이다. 방금 어떤 것을 기억하거나 깨달았기 때문에 말한 것에 어떤 것을 덧붙일 때 사용한다.

Come to think of it, he did mention seeing you.

(그러고 보니, 그가 당신을 만났다는 말을 했어요.)

Come to think of it, the children don't look much like you.

(생각해보니, 그 아이들은 당신을 많이 닮지는 않았습니다.)

Actually, come to think of it, I've never been formally introduced to her.

* It is thought that~는 '~라고 생각되다[여겨지다]'라는 뜻이다.

It is thought that a management buyout is one option.

(경영진에 의한 주식 매점이 하나의 가능성으로 여겨지고 있다.)

It was once thought that the sun travelled around the earth.

(과거 한때는 태양이 지구 주위를 돈다고 믿었다.)

It is thought that many will plead guilty at that stage.

* to be thought to be sth은 '~라고 생각되다[여겨지다]'라는 뜻이다.

He's thought to be one of the richest men in Europe.

(그는 유럽에서 가장 부유한 남자들 가운데 한 명으로 생각된다[여겨진다].)

The disease is thought to have originated in the tropics.

(그 질병은 열대 지방에서 시작된 것으로 생각된다.)

Prevention is thought to be more important than treatment.

* think (the) better of sb는 '…을[를] 더 좋게 보다[높이 평가하다]'라는 뜻으로 쓰인다. 그런데 think better of it/of doing sth은 어떤 것이 좋은 생각이 아닌 것을 깨달았기 때문에 하려고 계획했던 것을 안 하기로 하는 경우로 '(더 생각해 본 후) …을[를] 안 하기로 하다[생각을 바꾸다]'(=reconsider)라는 뜻으로 쓰인다.

I think better of her now as she proved her ability.

(나는 그녀가 그녀의 능력을 증명했기 때문에 이제 그녀를 높이 평가한다.)

She has behaved appallingly—I must say I thought better of her.

(그녀가 형편없이 행동해 왔어. 난 그녀를 그보다는 나은 사람으로 봤는데 말이지.)

Johnson has always thought highly of her writing ability.

I hope that he will think better of that.

(나는 그가 그 점에 대해 생각을 바꾸길 바란다.)

Rosie was about to protest but thought better of it.

(로지는 항의를 하려다가 안 하기로 마음을 먹었다.)

She felt like slapping him in the face, but thought better of it.

* think nothing of it은 격식을 차리는 표현으로 '(사과·감사의 말에 대한 정중한 대답으로) 괜찮습니다[신경 쓰지 마세요]'라는 뜻으로 쓰인다. 그런데 think nothing it/of(doing sth)은 다른 사람들은 그것이 어렵다고 해도 쉽게 또는 불평이 없이 어떤 것을 하는 경우로 '…을[를] 아무렇지도 않게 생각하다[예사로 여기다]'라는 뜻으로 쓰인다.

She thinks nothing of walking thirty miles a day.

(그녀는 하루에 삼십 마일 걷는 것은 예사로 여긴다.)

I had pain in my ear but thought nothing of it at the time.

(나는 귀에 통증이 있었지만 그때는 대수롭지 않게 여겼다.)

Clyde thought nothing of driving a thousand miles a day.

* think the world, highly, a lot, not much, poorly, little, etc. of sb/sth은 '…을[를] 아주 좋게, 좋게, 상당히 괜찮게, 별로 좋지 않게, 나쁘게, 대수롭지 않게 생각하다 등'으로 쓰인다.

I really think a lot of you.

(난 네 생각을 정말 많이 해.)

I don't think much of her idea.

(나는 그녀의 아이디어를 별로 좋게 생각하지 않는다.)

He thinks the world of his daughter.

(그는 자기 딸이 이 세상에서 제일인 줄 안다.)

I'm afraid you must think poorly of me.

(난 당신이 날 탐탁치 않아 할 것 같아요.)

I hate people who think little of foreigners.

(나는 외국인을 경시하는 사람들을 싫어 한다.)

Daphne and Michael thought highly of the school.

(다프네와 마이클은 그 학교를 아주 좋게 생각했다.)

I think the world of him.

(나는 그를 아주 좋게 생각한다.)

I don't think little of poor people.

(나는 가난한 사람들을 경시하지 않는다.)

He does not think much of the job.

(그는 그 일을 그다지 대수롭지 않게 생각한다.)

He thinks highly of his achievement.

(그는 자신의 업적에 대한 자부심이 대단하다.)

I think a lot of it was kind of important.

My mom thinks poorly of my girl friend.

4 deal in과 deal with의 쓰임새

deal in과 deal with는 구동사(phrasal verbs)이다. deal in은 1) '(특정한 상품을) 취급[거래]하다'(=trade in)라는 뜻으로 사고 파는 행위(buy and sell)와 관련되거나, 2) '(결정·태도·행동의 기준으로) 받아들이다[다루다]'라는 뜻으로 쓰인다. 그런데 deal with는 1) '(문제·과제·상황 등을) 처리하다'라는 뜻으로 행동이나 관심을 필요로 하는 문제나 상황을 취급하거나(a problem or situation that requires action or attention) 2) '(주제·소재로) …을[를] 다루다'라는 뜻으로 책, 연설, 예술 작품이나 기사들 등에서 무엇에 관해 다루는 행위이다.

〈deal in의 경우〉

①의 예

They deal in antiques.

(그들은 골동품을 취급한다.)

We don't deal in that line of goods.

(우리는 그런 종류의 상품은 다루지 않습니다.)

The company deals in computer software.

(그 회사는 컴퓨터 소프트웨어를 취급한다.)

The store deals in high–quality jewelry.

The police said she was dealing in stolen goods.

②의 예

We don't deal in details.

(우리는 세부사항들을 다루지 않습니다.)

Let us deal justly in this case.

(이 경우에는 우리가 공정하게 처신합시다.)

We don't deal in rumours or guesswork.

(우리는 소문이나 추측은 다루지 않는다.)

As a scientist, I do not deal in speculation.

Lawrence was not a man who dealt in rumors.

* 그런데 deal sb in은 '~을[를] 참가시키다[끌어들이다]'라는 뜻으로 어떤 거래나 계획에 포함시키는 경우로, 격식을 차리지 않는 경우에 쓰인다.

That sounds great. Deal <u>me</u> in!

(그거 참 좋겠다. 나도 끼워 줘!)

If you're going hiking this weekend, deal me in.

(이번 주말에 자네가 도보여행을 가면 날 끼워줘.)

If you ever want to start your own business, you can deal me in.

〈deal with의 경우〉

①의 예:

I'll deal with this Monday morning.

(저가 이것을 월요일 아침에 처리할 게요.)

You dealt with the situation very effectively.

(당신은 그 상황을 대단히 효과적으로 처리했다.)

I'd like to deal with this as sensibly as I can.

(내가 할 수 있는 한 현명하게 이것을 대처하고 싶다.)

Who's dealing with the Sony account?

The President said the agreement would allow other vital problems to be dealt with.

②의 예:

Her poems often deal with the subject of death.

(그녀의 시들은 흔히 죽음이라는 주제를 다룬다.)

It is the politicians who will deal with the topics.

(그런 문제를 다루려고 하는 사람들은 정치인들이다.)

From now on, he will deal with tough global issues.

(이제부터 그는 어려운 국제 문제들을 다룰 거예요.)

Chapter 5 deals only briefly with this issue.

The book deals with art during the French Revolution.

* 그런데 deal with sb는 '~을[를] (상)대하다'(=handle)라는 뜻이다.

I never like the way doctors deal with patients.

(나는 의사들이 환자들을 대하는 투가 결코 마음에 들지 않는다.)

She is used to dealing with all kinds of people in her job.

(그녀는 직장에서 온갖 종류의 사람들을 상대하는 데 익숙해 있다.)

He believes young offenders should be dealt with quickly and harshly.

* 그리고 deal with sb/sth이 '~와 거래하다'라는 뜻으로도 쓰이는데, 이 경우는 특정한 사람이나 조직과 사업관계를 갖고 있다는 것이다.

I don't even want to deal with you.

(난 너하고는 거래조차 하고 싶지 않아.)

We've been dealing with their company for ten years.

(우리는 십 년 동안 그들의 회사와 거래를 해 오고 있다.)

When I worked in Florida I dealt with British people all the time.

5 catch와 understand의 차이

catch('알아듣다, 이해하다')와 understand('이해하다, 알다, 알아듣다')가 '이해하다'의 뜻으로 쓰이는 경우 한글 풀이와는 달리 그 속을 들여다보면 쓰임새의 차이가 있다. catch는 누군가가 금방 말한 것과 관련되어 듣고 이해를 하는 경우를 일컫고, understand는 남의 말·단어의 의미·언어 등을 이해하거나 원리·원인·중요성 등을 이해하거나 아는 경우에 쓰인다.

〈catch의 경우〉

Lynda caught her mistake.

(린다는 자기의 잘못을 알아차리지 못했다.)

We failed to catch his meaning.

(우리는 그의 말뜻을 이해할 수가 없었다.)

Sorry, I din't catch what you said.

(미안, 네 말을 잘 못 알아들었어.)

Again, please. I didn't quite catch that.

(한 번 더 말씀해 주세요. 확실히 못 알아들었습니다.)

She was telling me, but I didn't quite catch it.

(그녀가 가르쳐주긴 했지만 확실하게 이해를 못 했어요.)

I'm afraid I didn't quite catch the last point.

Could you go over it again? Did either of you manage to catch her name?

〈understand의 경우〉

Can you understand French?

(당신은 프랑스어를 알아들을 수 있나요?)

Do you understand the instructions?

(그 사용법 설명서가 이해되시나요?)

I just can't understand him taking the money.

(난 그가 그 돈을 받는 것이 도무지 이해가 안 돼.)

No one is answering the phone—I can't understand it.

(아무도 전화를 받지 않아. 이해가 안 돼[왜 그런지 모르겠어].)

Doctors still don't understand much about the disease.

(의사들은 아직도 그 질병에 대해 많이 이해하고[알고] 있지 못하다.)

Don't you ever do that again, do you understand?

I can't understand him when he behaves so badly.

6 choose between과 choose from의 차이

choose는 '(선)택[(선)정]하다, …하기를 원하다[결정하다]'라는 뜻으로 쓰인다. choose between과 choose from 둘 다 '…에서[중에서] 선택하다[뽑다]'라는 뜻이다. 그런데 choose between은 둘 또는 몇 가지 가능성 가운데 선택하는 경우에 쓰이고, choose from는 많은 가능성 가운데 선택하는 경우에 쓰인다.

〈choose between의 경우〉

I don't want to have to choose between the two.

(나는 그 둘 가운데 선택하고 싶지 않다.)

I don't wanna choose between my business and my family.

(나는 내 가족과 사업 가운데서 선택하고 싶지 않았다.)

She had to choose between giving up her job or hiring a nanny.

(그녀는 직장을 포기하든가 애 봐 줄 사람을 고용하든가 양자택일을 해야 했다.)

If I had to choose between staying here and living abroad, I'd stay here.

You have to choose between a beginner's course and a more advanced course.

〈choose from의 경우〉

There are plenty of restaurants to choose from.

(고를 수 있는 식당들이 많이 있다.)

You may think there aren't many to choose from.

(아마 당신은 선택할 여지가 많지 않다고 생각하실 겁니다.)

There is a wide variety of patterns to choose from.

(선택할 수 있는 무늬가 아주 각양각색이다.)

We have to choose a new manager from a shortlist of five candidates.

When it comes to wallpaper, there are hundreds of different patterns to choose from.

* prefer는 '(다른 것보다) …을[를] (더) 좋아하다[원하다/택하다], 선호하다' 라는 뜻으로 쓰인다. 따라서 choose와 다른 쓰임새라고 할 수 있다.

I much prefer jazz to rock music.

(나는 록 음악보다 재즈를 훨씬 더 좋아한다.)

The donor prefers to remain anonymous.

(기증자가 익명으로 하기를 원한다.)

Which do you prefer working with people or alone?

(당신은 혼자서 일하는 걸 좋아하세요, 아니면 다른 사람들과 함께 일하는 걸 좋아하세요?)

I'd prefer to stay here, if you don't mind.

What do you prefer black coffee or white coffee?

* choose 다음에 전치사 for를 쓰지 않고 바로 목적어를 취한다.

He chose banking as a career.

(그는 은행원을 직업으로 택했다.)

Sarah chose her words carefully.

(사라는 말을 신중히 골라서 했다.)

I had to choose only one person among those people.

(그 사람들 중에서 나는 오직 한 사람만 뽑아야 했다.)

They chose him as their president.

Choose what you want and I'll buy it for you.

7 be concerned about sth과 be concerned with sth의 차이

concerned는 형용사로서 '걱정[염려]하는, 관심[흥미]이 있는'이란 뜻이다. be concerned about은 '…에 관해 걱정[염려]하다'(=be worried or anxious)라는 뜻이고 be concerned with는 '…에 관심[흥미]를 갖다, …에 관한[관련된] 것이다'(=concern, be interested in)라는 뜻으로 책, 영화, 에세이 등에 대한 특별한 주제에 관한[관련된] 것이다.

〈be concerned about의 경우〉

The President is deeply concerned about this issue.

(대통령께서 이 문제를 크게 염려하고 계세요.)

Don't be concerned about the problem of little moment.

(별로 중요치 않은 문제 때문에 걱정하지 마라.)

We should be concerned about the quality of life we live.

(우리는 우리의 삶의 질에 대해 걱정해야 한다.)

The manager is naturally very concerned about the recent spate of injuries.

The government is becoming increasingly concerned about the rising level of unemployment.

〈be concerned with의 경우〉

Is there any reason we should be concerned with your safety?

(우리가 당신의 안전을 신경을 써야 할 어떤 이유라도 있습니까?)

The book is primarily concerned with Soviet–American relations during the Cold War.

(그 책은 주로 냉전 중의 미소 관계에 관한 것이다.)

They were more concerned with how the other women had dressed than in what the speaker was saying.

(그들은 연설자가 무슨 말을 하는가 보다 다른 여자들이 옷을 어떻게 입었는

가에 더 관심이 있었다.)

The article is concerned with recent developments in primary education.

We should be more concerned with re–educating criminals than punishing them.

그런데 concern은 동사로 '(사람에게) 영향을 미치다[관련되다], …을[를] 걱정스럽게[우려하게] 만들다, ~에 흥미[관심]을 갖다'라는 뜻으로 쓰인다. concern은 명사로 '우려[걱정], 배려, 염려, 중요한 것, 관심사, (책임이나 알 권리가 있는) 일'이란 뜻으로 주로 쓰인다.

〈concern이 동사로 쓰이는 예〉

He didn't concern himself with the details.

(그는 세부적인 사항들에는 흥미를 갖지 않았다.)

Don't interfere in what doesn't concern you.

(너하고 상관없는 일에 간섭하지 마.)

The story concerns the price's efforts to rescue Pamina.

(그 이야기는 파미나를 구출하려는 왕자의 노력에 관한 것이다.)

What concerns me is our lack of preparation for the change.

(내가 우려하는 것은 그 변화에 대한 우리의 준비 부족이다.)

Where our children's education is concerned, no compromise is acceptable.

(우리 아이들의 교육이 관련된 곳에서는 어떤 타협도 받아들일 수 없다.)

Don't concern yourself with such trivialities.

It was just a little unfinished business from my past, and it doesn't concern you at all.

〈concern이 명사로 쓰이는 예〉

This matter is their concern.

(이 문제는 그들[그들이 책임져야 할] 일이다.)

What are your main concerns as a writer?

(작가로서 당신의 주된 관심사들은 무엇인가요?

There is growing concern about violence on television.

(텔레비전에서의 폭력에 대한 우려가 커지고 있다.)

How much money I make is none of your concern.

(내가 돈을 얼마나 버는지는 당신이 상관할 일이 아니잖아요.)

Security, of course, is a concern.

(물론, 보안이 중요하다.)

The government primary concern is to reduce crime.

(정부의 주된 관심사는 범죄를 줄이는 것이다.)

Thanks for your concern, but I think my wife will be OK.

(염려해 주셔서 고맙습니다만 제 집사람은 괜찮을 겁니다.)

There is widespread concern that new houses will be built on protected land.

(보존 지역에 신규 주택이 건설될 것이라는 우려가 만연해 있다.)

Without her care and concern, he had no choice at all.

Feminism must address issues beyond the concerns of middle–class whites.

* To whom it may concern ...은 '관계자 분[관련되시는 분들]께 ...'라는 뜻으로 공공 안내문이나 추천서의 서두에 쓴다.

That's as opposed to "To whom it may concern."

(그것은 "이 편지를 받아보실 분께"에 대한 반대의 개념이다.)

On the top of the letter, it says 'To whom it may concern'.

(편지의 위쪽에는 '관계자 제위에게'라고 쓰여 있다.)

To whom it may concern Would you like to work online from home and get paid weekly?

(관련되시는 분들께. 집에서 온라인으로 일을 하시고 주급을 받으시겠어요?)

To Whom it may concern: You are a cheat, but we don't know it yet.

The letter should be addressed at large, for example, address it to "To Whom It May Concern".

* 새로운 주제를 소개하기 위해서 의견을 제시할 때는 concerning('…에 관한 [관련된]')을 쓰지 않고, as far as sb/sth is concerned('…에 관한'), regarding(…에 관하여 [대하여]')나 with/in regard to('…과 관련하여[…에 대하여]')를 쓴다.

Many things have been said concerning the glory of Christ.

(그리스도의 영광에 대해서는 많은 것이 얘기되어 왔다.)

He asked several questions concerning the future of the company.

(그는 회사의 장래에 관해 몇 가지 질문을 했다.)

All cases concerning children are dealt with a special children's court.

(아동 관련 사건은 모두 특별 아동 법원에서 다룬다.)

He was then asked several questions concerning his banking activities.

We got into an interesting discussion concerning the need for censorship.

I feel positive as far as that is concerned.

(그것에 대해서는 긍정적이다.)

As far as property is concerned, we are very rich.

(재산에 관한 한, 우리는 부유하다.)

As far as talent is concerned, he is second to none.

(재주[재능]에 관한 한, 그는 누구한테도 지지 않는다.)

As far as food is concerned, the college has its own canteen.

As far as starting a family is concerned, the trend is for women having their children later in life.

* as far as I'm concerned는 '나로서는[내 개인적으로는]'이란 뜻이다.

As far as I'm concerned, you did nothing wrong.

(내 개인적으로는 너는 아무것도 잘못한 것이 없어.)

As far as I'm concerned, you can do what you like.

(나로서는 네가 원하는 대로 해도 돼.)

As far as I am concerned, I have nothing to do with that matter.

(저 개인적으로 저는 그것과는 아무 관계도 없다.)

As far as I'm concerned the officials incited the fight.

The "Obama effect," as far as I'm concerned, is a very positive one.

Don't worry about it with regard to its cost.

(그것의 가격에 관해서는 걱정하지 마라.)

With regard to this matter, we will talk with you later.

(이 문제에 관해서는 나중에 이야기하자.)

This is particularly important with regard to breast cancer.

(이것은 유방암과 관련해서 특별히 중요합니다.)

The company's position with regard to overtime is made clear in their contracts.

(시간외 근무에 대한 회사의 입장은 계약서에 명시되어 있다.)

The department is reviewing its policy with regard to immunisation.

She has said nothing regarding your request.

(그녀가 당신의 요청에 대해서는 아무 말이 없었어요.)

We ask for your understanding regarding this matter.

(이 일에 대해 우리는 여러분의 양해를 구하는 바입니다.)

Call me if you have any problems regarding your work.

(당신의 작업과 관련하여 무슨 문제가 있으면 제게 전화를 주세요.)

Regarding your order, we will ship it today.

The animosity regarding the issue is increasing in society.

8 die of와 die from의 차이

die는 '죽다, 사망하다, 사라지다, 없어지다, (기계가) 서다, 멎다'라는 뜻으로 쓰인다. …으로 죽는 경우의 표현은 die of/from을 쓸 수 있다. die of/from 뒤에는 질병, 심장병과 기아 등이 올 수 있다. die from은 폭력의 결과나 오염 등으로 죽게 되는 경우에 쓰인다.

〈die of의 경우〉

400 people a year die of this disease on average.

(보통 연간 사백 명이 이 질병으로 사망한다.)

Every day, many children and babies die of starvation.

(날마다, 많은 어린이들과 아기들이 굶주림으로 죽습니다.)

Around fifty people die of hunger every day in the camp.

(그 수용소에서는 매일 오십 명 정도의 사람들이 굶주림으로 죽어 간다.)

Her husband died of a heart attack.

Sadly, both he and my mother died of cancer.

〈die from의 경우〉

(질병으로 죽는 경우의 예)

More people die from bowel cancer than breast cancer.

(유방암보다는 대장암으로 인해 죽는 사람들이 더 많다.)

Thousands of people die from car accidents every year.

(매년 수천 명의 사람들이 교통사고로 목숨을 잃는다.)

She has seen children die from measles, mumps, tetanus.

(그녀는 아이들이 홍역과 볼거리, 그리고 파상풍으로 인해 죽는 것을 보았다.)

Each year over a million children dies from diarrhoea.

Every working day I treat people who are dying from lung diseases caused by smoking.

(폭력의 결과나 오염 등으로 죽는 경우의 예)

Does anyone ever die from insomnia?

(누군가 불면증으로 죽은 사람이 있는가요?)

Anthony died from a shotgun blast to the face.

(안토니는 얼굴에 총격을 당해 죽었다.)

Each year, people die from second hand smoke.

(매년, 사람들은 간접흡연으로 죽는다.)

He dies from a bullet wound in the chest.

Police predict that more people will die from their injuries.

* 그런데 다음의 경우 die of despair / embarrassment / fright / grief / hunger / shame / shock 등('수치심으로/당황하여/슬픔서/절망하여/충격으로 죽다[죽고 싶다]'라는 뜻으로도 쓰인다.

The doctor said she died of fright.

(그 의사는 그녀가 놀라 죽은 것이라고 말씀하셨다.)

The rest died of disease or despair.

(나머지 사람들은 질병이나 절망으로 사망했다.)

She died of grief soon after her husband's death.

(그녀는 남편의 사망 직후에 슬픔을 못 이겨 죽었다.)

Her father and her brothers would die of shame.

(그녀의 아버지와 형제들은 죽고 싶을 정도로 수치심을 느낄 것이다.)

I nearly died of embarrassment when he said that.

(그가 그 말을 했을 때 난 쑥스러워서 죽는 줄 알았다.)

He died of shock after winning 20 million on the lottery.

(그는 이천 만 달러짜리 복권에 당첨된 충격으로 죽었다.)

Do you know how many people in the world die of hunger?

(당신은 세계에서 얼마나 많은 사람들이 기아로 죽는지 알고 있는가?)

If I don't return, he'll die of grief.

The poor girl almost died of fright.

I can die of embarrassment because of you.

When he told me the price, I nearly died of shock.

* 회화에서 자주 쓰이는 be dying for sth/to do sth은 '…하고 싶어 죽다[못 견디다], 몹시 …하고 싶어하다'라는 뜻으로 쓰인다.

I love pizza. I'm dying for it!

(나는 피자를 죽도록 좋아해!)

I'm dying for a glass of water.

(나는 물 한 잔 마시고 싶어 죽겠어.)

He is dying to see her.

(그는 그녀를 몹시 보고 싶어 한다.)

I'm dying to know what happened.

(무슨 일이 있었는지 나는 알고 싶어 죽겠어.)

I'm dying for a cigarette.

I'm dying for a breath of fresh air.

She was dying to talk to Frank.

We're all dying to hear what happened.

* die가 구동사로 쓰이는 경우는 다음과 같다.

① die away: '서서히 사라지다[잦아지다]'라는 뜻이다.

The sound of their laughter died away.

(그들의 웃음소리가 서서히 잦아들었다.)

The sound died away and silence reigned.

(그 소리가 잦아들자 침묵만이 그득했다.)

The firing finally began to die away in the late afternoon.

② die back: '(식물이) 잎이 지다'라는 뜻이다. 이것은 뿌리는 살아있지만 잎이 지는 경우를 말한다.

The fuschia dies back in the winter.

(프스시아는 겨울에 뿌리만 남은 채 시들어 죽는다.)

Herbaceous plants die down to the ground, tender shoots die back to the old wood.

(풀은 말라 땅에 깔리고, 어린 가지는 늙은 나무에 시들어 붙었다.)

Then often take a long time to die back after flowering.

③ die down: '차츰 잦아들다[약해지다/희미해지다'라는 뜻이다.

The flames finally died down.

(마침내 불길이 잦아들었다.)

When the applause had died down, she began her speech.

(박수 소리가 잦아들자 그녀가 연설을 시작했다.)

The rain remained steady through the wind had died down.

④ die out: '멸종되다, 자취를 감추다'라는 뜻이다.

We used to believe that capitalism would soon die out.

(우리는 한때 자본주의가 곧 사라지리라고 믿었다.)

This species has nearly died out because its habitat is being destroyed.

(그 서식지가 파괴되고 있어서 이 종은 거의 멸종되었다.)

The practice of children working in factories has nearly died out.

* 죽음과 관련되어 사건에 관해 이야기를 할 때는 die(dying, died, died)를

쓰고, 상태에 관해 이야기를 할 때는 be dead를 쓴다.

She died young.

(그녀는 젊어서 죽었다[요절했다].)

Her husband dies suddenly last week.

(그녀의 남편은 지난주에 갑자기 죽었다.)

My father's dead, he died in 1988.

(저는 아버지가 안 계세요. 천구백팔십팔 년에 돌아가셨어요.)

He was shot dead by a gunman outside his home.

(그는 자기 집 밖에서 무장한 자의 총에 맞아 사망했다.)

My husband's been dead a year now.

She's very ill and I'm afraid she's dying.

He died in an ambulance on the way to hospital.

By the time the ambulance reached the hospital, he was dead.

9 end와 end up의 차이

end는 '끝나다, 끝내다, 끝을 맺다'라는 뜻이다. end up은 '결국 (어떤 처지에) 처하게 되다'라는 뜻이다. end는 어떤 것을 끝내거나 끝내도록 하는 것인 경우에 쓰인다. end up은 다른 어떤 것이 실패한 후 어떤 것을 억지로 할 수밖에 없는 경우나 결국 자신이 특별한 장소나 조건에 있음을 알게 되는 경우에 쓰인다.

〈end의 경우〉

The road ends here.

(이 도로는 여기서 끝난다.)

How does the story end?

(그 이야기는 어떻게 끝나니?)

Her note ended with the words: 'See you soon.'

(그녀의 편지는 "조만간에 한번 만나."라는 말로 끝을 맺고 있었다.)

The speaker ended by suggesting some topics for discussion.

(그 발표자는 논의할 주제를 몇 가지 제시하는 것으로 끝을 맺었다.)

The lessons usually end at five o'clock bus some teachers end their lessons early.

* end는 보통 자동사(intransitive verb)로 '끝내다'라는 뜻으로 쓰인다.

The war ended in 1975.

(그 전쟁은 천구백칠십오 년에 끝났다.)

How does the film end?

(그 영화의 결말은 어떻습니까?)

I ended by thanking him.

(그에 대한 감사의 말로 나는 끝을 맺었다.)

Just as the film was ending, the baby woke up.

그런데 end가 타동사(transitive verb)인 경우에는 '…을[를] 끝내다, 끝을 맺다,`…을[를] 멈추다'라는 뜻으로 쓰인다.

He ended his days in poverty.

(그는 가난하게 일생을 마쳤다.)

American troops and supplies helped end the war.

(미국의 군대와 군수품이 전쟁을 끝내는데 도왔다.)

He supports our efforts to end hunger in the world.

(그는 이 세상에서 기근을 없애려는 우리의 노력을 지지한다.)

To end the meal we had some coffee and an ice–cream.

◈ end는 '끝나다, 끝내다, 끝을 맺다'라는 뜻 이 외에 명사로 ① '(시간·사건·활동·이야기의) 끝[말]', ② '(장소·물건의 중심부에서 가장 먼) 끝', ③ '(계속되던 상황의) 끝, 종말, 종료', ④ '목적, 목표', ⑤ '(특히 사업 활동상의) 부문[몫]', ⑥ '(전화선·여정 등의 양쪽 가운데) 한쪽 편', ⑦ '(둘로 나눈 경기장의) 한쪽 경기장[진영]', ⑧ '(쓰고 남은) 조각', ⑨ '(사람의 죽음을 완곡하게 가리키는) 최후' 라는 뜻으로 쓰인다.

①의 예

It's the end of an era.

(이것은 한 시대의 끝이다.)

We didn't leave until the very end.

(우리는 완전히 끝날 무렵까지 떠나지 않았다.)

We had to hear about the whole journey from beginning to end.

②의 예

Go to the end of the line!

(줄 끝으로 가요!)

Turn right at the end of the road.

(도로가 끝나는 곳에서 우회전하세요.)

That's his wife sitting at the far end of the table.

③의 예

The war was finally at an end.

(마침내 전쟁이 끝나고 있었다.)

There's no end in sight to the present crisis.

(현 위기 상황의 끝이 보이지 않는다.)

That was by no means the end of the matter.

④의 예

She was now satisfied since she gained her end.

(그녀는 목적을 이루었기 때문에 이제 만족했다.)

They are prepared to use violence in pursuit of their ends.

(그들은 자신들의 목적을 위해서라면 폭력도 불사할 각오가 되어 있다.)

We are willing to make any concessions necessary to this end.

⑤의 예

I have kept my end of the bargain.

(난 내가 하기로 한 몫의 약속은 계속 지켜 왔다.)

Are there any problems at your end?

(당신 부서에 무슨 문제라도 있어요?)

We need somebody to handle the marketing end of the business.

⑥의 예

Jean is going to meet me at the other end.

([여정의] 저쪽 편에 가면 진이 나를 마중 나오기로 되어 있다.)

I answered the phone but there was no one at the other end.

(내가 전화를 받았지만 저쪽 편에는 아무도 없었다.)

When he answered it, Ferguson was at the other end.

⑦의 예

Let's change ends.

(우리 진영을 바꿉시다.)

The teams changed ends at half–time.

(전반전이 끝나자 두 팀이 진영을 바꾸었다.)

The teams were changing ends and getting in position to take up play in the last quarter.

⑧의 예

There are still a few loose ends to tie up.

(아직 매듭지어야 할 미진한 부분들이 몇 가지 있다.)

A cigarette end glowed red in the darkness.

(담배 끝 부분이 어둠 속에서 빨갛게 타고 있었다.)

She spent the day sorting through a box of odds and ends.

⑨의 예

I was with him at the end.

(나는 그가 최후를 맞을[세상을 떠날] 때 함께 있었다.)

She came to an untimely end.

(그녀는 너무 이른 최후를 맞게 되었다.)

He met his end at the Battle of Waterloo.

* at the end of the day는 '결국 가장 중요한 것은'이란 뜻이다.

At the end of the day, terror is simply about creating fear.

(결국 가장 중요한 것은 , 테러는 단지 공포심 조성과 연관된 것이라는 것이다.)

At the end of the day, he'll still have to make his own decision.

(결국 가장 중요한 것은 그가 여전히 스스로 결정을 내려야 한다는 거예요.)

At the end of the day, I'm the one who is going to be held responsible.

그런데 '(다른 중요한 것의 일부가 아니라) 그 자체로 중요한 것[목적]'이란 뜻은 an end in itself이다.

Learning is an end in itself.

(배우는 것 그 자체가 중요하다.)

Mathematics should be a tool, not an end in itself.

(수학은 도구이어야지 그 자체가 목적이 되어서는 안 된다.)

Effective and appropriate information sharing is not an end in itself.

* be at the end of sth은 '~이 거의 바닥나다[다 떨어지다]'라는 뜻이다.

I'm at the end of my patience.

(나는 인내심이 거의 바닥났다.)

I am at the end of my resources.

(나는 바닥났다.)

They are at the end of their food supply.

* at the end of~는 '~의 말[끝]에'라는 뜻으로도 많이 쓰인다.

He'll be leaving at the end of next month.

(그는 다음 달 말에 퇴사할 거예요.)

They will be announced at the end of August.

(그것들은 팔 월말에 발표될 것이다.)

The game had to be replayed at the end of the season.

* bring to an end는 '끝내다, 마치다, 종지부를 찍다'(=conclude)라는 뜻이다.

I want to bring that to an end.

(나는 그것을 끝내고 싶다.)

We have to bring it to an end as soon as possible.

(우리는 가능한 한 빨리 그것을 마무리 지어야 한다.)

The manager brought the meeting to an end.

* come to an end는 '끝이 나다'라는 뜻이다.

The cold war came to an end.

(냉전이 끝났다.)

The meeting came to an end.

(회의가 끝이 났다.)

At last winter came to an end.

* in the end는 '마침내, 결국[다 따지고 보면]'이란 뜻이다.

He tried various jobs and in the end became an accountant.

(그는 온갖 직업을 시도하다가 마침내 회계사가 되었다.)

You can try your best to impress the interviewers but in the end it's often just a question of luck.

(면접관에게 깊은 인상을 주기 위해 갖은 노력을 다 할 수도 있겠지만 결국 그저 운수소관인 경우가 많다.)

He tried several times to pass the exam, and in the end he succeeded.

* make (both) ends meet는 '겨우 먹고 살 만큼 벌다, 간신히 연명한다'라는 뜻이다.

Many families struggle to make ends meet.

(많은 가족들이 아등바등 돈을 벌어 겨우 먹고 산다.)

Most people worry about how to make ends meet.

(대다수 사람들이 수지타산을 맞추느라 전전긍긍합니다.)

I make just enough money to make ends meet, to pay the rent and buy food.

* put an end to '…을[를] 끝내다, 그만두게 하다'라는 뜻이다.

I told them to put an end to the debate.

(나는 그 논쟁을 끝내라고 말했다.)

There have been continual demands to put an end to this situation.

(이 상황을 종결짓기 위한 지속적인 요구가 있어 왔다.)

Only a political solution could put an end to the violence.

◈ end in은 ① '~으로 끝나다'와 ② '(어떤 결과로) 끝나다'라는 뜻으로 쓰인다.

①의 예

Most plural nouns in English end in 's'.

(영어에서 복수형 명사는 대부분 s로 끝난다.)

The word I'm thinking of ends in '–ous.'

(내가 생각하는 낱말은 'ous'로 끝난다.)

Rumour has it that the world will end in 2012.

②의 예

His love will end in failure.

(그의 사랑은 실패로 끝날 것이다.)

The debate ended in uproar.

(그 토론은 소동으로 끝이 났다.)

Their long struggle ended in failure.

〈end up의 경우〉

I ended up doing all the work myself.

(결국 그 모든 일을 내가 다 하게 되었다.)

If you go on like this you'll end up in prison.

(너 계속 그런 식으로 가다간 결국 철장신세를 지고 말 거야.)

If he carries on driving like that, he'll end up dead.

(그가 계속 그런 식으로 운전을 하다간 목숨을 잃고 말 것이다.)

If you insist on working that way, you'll end up jobless.

(자네가 그런 식으로 계속 일하면 자네는 일자리를 잃을 거다.)

Keep on doing that and you'll end up in serious trouble.

10 fight와 fight against의 차이

fight와 fight against는 '(적과) 싸우다[전투하다]'라는 뜻으로 쓰인다.

fight sb/sth은 단지 짧은 시간만 지속하는 어떤 사건이나 어떤 것에 관해 말하는 경우에 쓰인다. fight sb/sth과 fight against sb/sth은 가난, 질병, 불평등이나 억압과 같은 것들을 극복하기 위해 오랜 기간 동안의 투쟁에 관해 이야기하는 경우에 쓰인다. 그러니까 fight는 짧은 기간 동안이나 오랜 기간 동안 싸우는 경우에 쓰일 수 있는데, fight against는 짧은 기간 동안 싸우는 경우에만 쓰인다.

〈fight의 경우〉

He fought in Vietnam.

(그는 베트남전에 참전했다.)

There was no choice but to fight a losing battle.

(지는 싸움을 하는 수밖에 달리 선택이 없었다.)

In the heat of battle, soldiers fight for their lives.

(맹렬한 전투에서 군인들은 목숨을 걸고 싸운다.)

They gathered soldiers to fight the invading army.

(그들은 침략군과 맞서 싸울 병사를 모집했다.)

Many fire engines moved out to fight the fire in the market.

(시장의 화재를 진압하기 위해 많은 소방차가 출동했다.)

He said he would fight anyone who tried to stop him.

The best way to fight a cold is to get plenty of sleep.

◈ fight는 동사로 '(적과) 싸우다[전투하다]'라는 뜻 이 외에 ① '(서로 치고 받으며) 싸우다', ② ~sb/sth (for sth)로 쓰여 '(시합 등에서) 다투다', ③ '(나쁜 것을 막기 위해) 맞서 싸우다', ④ ~ (for sth)으로 쓰여 '(무엇을 얻기 위해)

분투하다', ⑤ ~ (with sb) (about/over sth)으로 쓰여 '다투다, 언쟁을 벌이다', ⑥ '권투를 하다'와 ⑦ '소송을 벌이다, 법정 싸움을 하다'라는 뜻으로도 쓰인다. 그리고 fight는 명사로 '(신체적인 힘을 이용한) 싸움, (무엇을 없애거나 달성하기 위한) 싸움[투쟁], (특히 스포츠의) 경기[승부], (말)다툼, (특히 특정 장소·위치에서의) 전투, 전의, 투지'라는 뜻으로 쓰인다.

①의 예

My little brothers are always fighting.

(내 남동생들은 맨날 싸워.)

She'll fight like a tiger to protect her children.

(그녀는 자기 자녀들을 지키기 위해서라면 호랑이같이 싸울 것이다.)

Do they always fight like that?

②의 예

They are clearly ready to fight an election.

(그들은 분명히 선거전을 치를 준비가 되어 있다.)

She's fighting for a place in the national team.

(그녀는 국가 대표 선수 자리를 두고 다투고 있다.)

An African–American man wins a closely fought campaign in a pivotal state.

③의 예

We will fight for as long as it takes.

(우리는 시간이 얼마나 걸리든 맞서 싸울 것이다.)

The fire crews had problems fighting the blaze.

(소방관들은 불길을 잡느라 애를 먹었다.)

Workers are fighting the decision to close the factory.

④의 예

He's still fighting for compensation after the accident.

(그는 그 사고 후 아직도 보상을 받기 위해 분투하고 있다.)

Doctors fought for more than six hours to save his life.

(의사들이 그의 생명을 구하기 위해 여섯 시간 넘게 분투했다.)

She gradually fought her way to the top of the company.

⑤의 예

I don't want you to fight her.

(난 당신이 그녀와 싸우지 않았으면 좋겠어요.)

It's a trivial matter and not worth fighting.

(이건 사소한 문제이고 다툴 가치도 없다.)

What did you guys fight about?

(너희들은 뭣 때문에 다퉜니?)

I don't want to fight about this.

(나는 이것에 대해 다투고 싶지 않다.)

That couple fights continually over money.

(그 부부는 돈 문제로 끊임없이 싸운다.)

In the movie Sauron and Gandalf begin to fight over the power of the ring.

(그 영화에서 사우론과 간달프는 반지의 힘에 대하여 다투기 시작한다.)

I don't want to fight about his house.

They were fighting over who would be the first born child.

⑥의 예

The two boxers fought to a finish.

(두 복싱 선수는 끝까지 싸웠다.)

Doctors fear he may never fight again.

(의사들은 그가 다시는 권투를 못 하게 될지도 모른다고 우려한다.)

I'd like to fight him because he's undefeated and I want to be the first ma to beat him.

⑦의 예

I'm determined to fight the case.

(나는 소송이라도 별일 각오가 되어 있다.)

He fought his wife for custody of the children.

(그는 아이들 양육권을 두고 아내와 법정 다툼을 벌였다.)

The newspaper is fighting a damages action brought by the actress.

◈ fight a losing battle은 '지는[질 게 뻔한] 싸움을 하다'라는 뜻이다.

I often feel like I'm fighting a losing battle.

(나는 종종 내가 질 게 뻔한 싸움을 하고 있다는 느낌이 든다.)

There was no choice but to fight a losing battle.

(지는 싸움을 하는 수밖에 달리 선택이 없었다.)

She fought a losing battel against drug addiction.

〈fight against의 경우〉

I fight against lies and corruption every day.

(나는 매일 거짓과 부패에 대항하여 싸운다.)

Paul had to fight against the menace of the killers.

(폴은 그 살인 청부업자들의 위협에 대항하여 싸워야 했다.)

My grandfather fought against the Fascists in Spain.

(우리 할아버지께서는 스페인에서 파시스트에 맞서 싸우셨다.)

Vitamin C can help you fight against all kinds of germs!

(비타민 시는 온갖 병균과 맞서 싸우는데 도움을 줄 수 있단다!)

The best way to fight against hackers is to prevent hacking.

(해커들에 대항하는 가장 효과적인 방법은 해킹을 예방하는 것이다.)

The ANC has spent half a century fighting (against) racism.

The group was founded in 1983 to fight (against) the military regime.

11 go와 come의 차이

go는 '(한 장소에서 다른 장소로) 가다'라는 뜻 이 외에 다양한 뜻으로 쓰인다. come은 '(…쪽으로) 오다[움직이다]'라는 뜻 이 외에 다양한 뜻으로 쓰인다. (어떤 위치·장소에) 오다[닿다], (…을[를] 가지러/하러) 오다, (어떤 행사 등에 참석하러) 오다[가다]'라는 뜻과 그 이외에 여러 가지 의미로 쓰인다. 그런데 go는 다른 방향으로 움직이는 경우에 쓰이고, come은 말하는 사람이나 듣는 사람을 향해 움직이는 경우에 쓰인다.

〈go의 경우〉

She has gone to China.

(그녀는 중국에 갔다.)

I have to go to Rome on business.

(나는 로마로 출장을 가야 한다.)

Are you going home for Christmas?

(크리스마스 때 당신은 고향 가세요?)

I think you should go to the doctor's.

(너 의사한테 가 봐야겠어.)

She went into her room and shut the door behind her.

◈ go는 '(한 장소에서 다른 장소로) 가다'라는 뜻 이 외에 ① '(특히 다른 사람과 함께 어떤 장소·행사에) 가다[다니다]', ② '(특정한 방식으로 또는 특정한 거리를) 가다', ③ 특정한 태도나 행동을 보이며 '가다', ④ '(어디로 가기 위해) 가다[떠나다]', ⑤ '(… 을[를] 하러 떠나다[가다]', ⑥ '(특정한 장소와 관련된 목적을 위해) ~에 가다[다니다]', ⑦ '(수영·낚시 등을) 하러 가다'라는 뜻으로 넓은 의미의 '가다'라는 뜻을 갖는 것으로 쓰인다.

그리고, ⑧ '전달[발송]되다', ⑨ '(한 곳에서 다른 곳으로) 이어지다[연결되다]', ⑩ '(제자리에) 놓이다', ⑪ '(크기나 양 때문에) ~에 들어가다', ⑫ '(어떤 수 안에 다른 수가 정확히 몇 배수가) 들어가다', ⑬ '(일의 진행이 어떻게) 되다[되어 가다]', ⑭ '〈여러 표현들에 쓰여 특정한 상태가 되거나 그런 상태가 끝남을 나타냄〉', ⑮ '〈특히 좋지 않게 변함을 나타냄〉' ⑯ '〈특정한 상태로 살거나 돌아다님을 나타냄〉', ⑰ '(노래의 선율이나 가사, 이야기 내용 등이 어떻게) 되다', ⑱ '(어떤 소리가) 나다, (어떤 동작을) 하다', ⑲ '(신고·경고음이) 울리다'와 ⑳ '없어지다, 사라지다' 등이라는 뜻으로 쓰이기도 한다. 이 외에도 go는 다양한 뜻('(활동을) 시작하다, (기계가) 가다[작동 하다], 처분되다, 해고되다, (건강이나 몸의 기능이) 가다[망가지다], 세상을 떠나다, (돈이) 나가다[쓰이다], 팔리다, (어떤 액수의 가격을 기꺼이) 내다[주다], 도움이 되다, 역할을 하다, (시간이) 가다' 등으로 쓰이기도 한다. 그리고 go에 전치사나 부사가 합쳐져 구동사(phrasal verb)로도 다양하게 쓰인다.

①의 예

Who else is going?

(다른 사람은 누가 가니?)

Mind if I go with you?

(저가 같이 가면 안 돼요?)

Are you going to Dave's party?

(데이브가 하는 파티에 갈 거니?)

His dog goes everywhere with him.

②의 예

He's going too fast.

(그는 너무 빨리 가고 있어.)

He sure did go it a little bit too far.

(그가 확실히 좀 지나쳤다.)

We had gone about fifty miles when the car broke down.

(우리가 오십 마일쯤 갔을 때 차가 고장났다.)

The summer is going fast.

③의 예

She went sobbing up the stairs.

(그녀가 흐느끼며 계단을 올라갔다.)

The car went skidding off the road into a ditch.

(그 차가 미끄러지며 도로를 벗어나더니 도랑에 처박혔다.)

She crashed into a waiter and his tray of drinks went flying.

(그녀가 웨이터와 거세게 부딪쳐서 그가 들고 있던 술잔이 얹힌 쟁반이 날아갔다.)

Two jet fighters went racing across the sky.

④의 예

I must be going now.

(나 이제 가야겠어.)

When does the train go?

(기차가 몇 시에 떠나나요?)

They came at six and went at nine.

(그들은 여섯 시에 왔다가 아홉 시에 떠났다.)

What time are you going tomorrow?

⑤의 예

이 경우는 주로 go on a journey/a tour/ a trip/ a cruise('여행/여행/여행/유람선 여행을 떠나다')로 쓰인다.

I've always wanted to go on a cruise.

(나는 항상 유람선 여행을 하고 싶었다.)

David left his boring job to go on a journey of self-discovery.

(데이비드는 지겨운 직장을 떠나 자아 발견의 길을 나섰다.)

What you need is a change of scene. Why not go on a cruise?

(네가 필요한 건 환경을 바꿔 보는 거야. 유람선을 타고 여행하는 것은 어때?)

The author himself was in despair when he decided to go on a journey to the country.

⑥의 예

Do you go to church?

(교회 다니세요?)

I have to go to the hospital.

(나는 입원해야 한다.)

* 이것은 미국식 표현이다.

I have to go to hospital for an operation.

(나는 수술을 받기 위해 입원해야 한다.)

* 이것은 영국식 표현이다.

They went to prison because they violated the law.

(그들은 법을 어겨서 감옥에 갔다.)

When I was young, we went to church every Sunday.

⑦의 예

주로 '낚시/배/쇼핑/수영 등 하러 가다'라는 뜻으로 go fishing/sailing/shopping/swimming, etc.로 쓰인다.

They often go fishing.

(그들은 자주 낚시를 간다.)

We're going sailing on Saturday.

(우리는 토요일에 배 타러 갈 것이다.)

I have to go shopping this afternoon.

(난 오늘 오후에 쇼핑하러 가야 돼.)

Hands up all those who want to go swimming.

(수영하러 갈 사람 모두 손 들어 봐.)

Let's go fishing this weekend.

(이번 주말에 낚시하러 가자.)

Why don't we check before we go shopping?

We used to go sailing on the lake in summer.

On hot days the kids would go swimming in the river.

⑧의 예

I'd like this letter to go first class.

(저는 이 편지를 제 일종 우편으로 발송하고 싶습니다.)

The memo should go to all employees.

(그 메모는 모든 종업원들에게 전달되어야 합니다.)

I want this memo to go to all managers.

(나는 이 메모를 모든 부장들에게 전달하길 바래요.)

Plans for a new civic center will go before the committee today.

⑨의 예

Where does this road go?

(이 길은 어디로 이어지죠?)

Does this road go to the station?

(이 길이 역으로 이어집니까?)

I want a rope that will go from the top window to the ground.

(맨 위 창문에서 땅까지 연결되는 밧줄이 필요해.)

The 350–kilometer jungle highway going from Georgetown to Brazil was built with World Bank funds.

⑩의 예

Where do these plates go?

(이 접시들을 어디에 놓을까요?)

Where do you want the piano to go?

(피아노를 어디에 놓아 드릴까요?)

This dictionary goes on the top shelf.

(이 사전은 맨 위 책꽂이에 꽂아둔다.)

The sofa can go against the wall.

⑪의 예

이 경우는 will/would not (in/into sth)의 표현으로 된다. '(크기나 양 때문에) ~에 들어가다',

I don't think all of this will go in the trunk.

(이 모든 것들이 그 트렁크에 다 들어가지 않을 것 같다고 생각합니다.)

My clothes won't all go in that one suitcase.

(내 옷이 저 가방 하나에는 다 들어가지 않을 것이다.)

He tried to push his hand through the gap but it wouldn't go.

(그가 그 틈으로 손을 집어넣어 보려 했지만 손이 들어가지 않았다.)

There's no way all this stuff will go in the box.

⑫의 예

3 into 12 goes 4.

(십이는 삼의 사배수이다.)

7 into 15 won't go.

(십오는 칠의 배수가 아니다.)

7 won't go into 15.

(십오는 칠로 나뉘지 않는다.)

Six goes into thirty five times.

⑬의 예

How's it going?

(요즘 어떠세요[어떻게 지내세요]?)

Did everything go smoothly?

(모든 일이 순조롭게 진행되었어요?)

A: How did your interview go?

B: It went very well, thank you.

(A: 당신 면접은 어떻게 됐어요?

B: 아주 잘 됐어요. 고마워요.)

The way things are going the company will be bankrupt by the end of the year.

⑭의 예

She went to sleep.

(그녀는 잠이 들었다.)

The battery in this watch is going.

(이 시계의 건전지가 다 떨어져간다.)

That color has gone out of fashion.

(저 색깔은 유행이 지났다.)

His hearing is really starting to go.

⑮의 예

go bankrupt/blind/deaf/grey 등과 go crazy/mad/wild 등으로 쓰인다.

Her hair is going grey.

(그녀의 머리가 세고 있다.)

This milk has gone sour.

(이 우유는 상했다.)

The children went wild with excitement.

(아이들은 신이 나서 법석을 떨었다.)

The firm is in dire straits and may go bankrupt.

(그 회사는 대단히 심각한 곤경에 처해 있고 파산할지도 모른다.)

The retina will die and he'll go blind in that eye.

(망막이 괴사될 것이며 그는 그쪽 눈이 멀 것이다.)

Marie says he went crazy, and smashed the room up.

(마리 말이 그가 미친 듯이 화가 나서 방을 다 때려 부셨대.)

I was talking to John when the line suddenly went dead.

(내가 존과 통화 중이었는데 갑자기 전화가 불통이 되었다.)

If you don't want me, I'll die or go crazy.

(만약 네가 나를 원하지 않으면, 나는 죽거나 미쳐버리게 될 거야.)

And I'd tried to talk to him, but the line went dead.

(그리고 나는 그와 이야기하려고 했지만 통화가 끊어졌다.)

If the firm cannot sell its products, it will go bankrupt.

(만약 상품을 팔지 못하면, 그 회사는 파산할 것이다.)

I started helping him run the business when he went blind.

(나는 그가 실명하던 때부터 그의 사업 운영을 돕기 시작했다.)

The milk has gone sour.

My left arm had gone dead.

Because of bomb bursts at his close at hand, he went blind.

⑯의 예

Don't go barefoot in public areas.

(공공장소에 맨발로 다니지 마라.)

They go naked all the year round.

(그들은 연중 내내 나체로 지낸다.)

She cannot bear the thought of children going hungry.

(그녀는 아이들이 굶주린다는 생각을 견딜 수 없어 한다.)

I often go barefoot at home.

(나는 자주 맨발로 집에 간다.)

I would go naked than wear fur.

(나는 모피를 입고 다니느니 벗고 다니겠다.)

Craft must have clothes, but truth loves to go naked.

(술책은 옷을 입어야 하나, 진실은 숨김없이 드러나기를 즐긴다.)

Leonidas' family had been poor, he went hungry for years.

⑰의 예

How does that song go?

(저 노래가 어떻게 되지?)

I forgot how the next line goes.

(그 다음 대사가 어떻게 되는지 내가 잊어버렸다.)

The story goes that she's been married five times.

(그 이야기에 따르면 그녀는 결혼을 다섯 번 한 것으로 되어 있다.)

The story goes that this castle was built by Emperor Frederick Barbarossa.

⑱의 예

The gun went 'bang.'

(총에서 '탕'하는 소리가 났다[총이 탕]하고 발사되었다].)

My old watch is still going.

(내 오래된 시계가 여전히 작동하고 있다.)

She went like this with her hand.

(그녀가 손으로 이렇게 했다.)

Cows go 'moo.'

Cats go 'meow.'

Ducks go 'quack.'

⑲의 예

An alarm bell went off.

(경보를 알리는 벨소리가 울렸다.)

No one leaves until the bell goes.

(아무도 벨소리가 날 때까지 떠나지 않는다.)

The whistle went for the end of the game.

(경기 종료를 알리는 호각소리가 울렸다.)

On Memorial Day morning, a siren goes off for a minute.

⑳의 예

Has your headache gone yet?

(너 머리 아픈 거 이제 없어졌니?)

They won't even notice it's gone.

(그들은 심지어 그것이 사라졌다는 것을 알아채지 못할 것이다.)

I put my book on the table, and now it's gone.

(내가 탁자 위에 내 책을 두었는데, 이제 그 책이 없어져 버렸다.)

I left my bike outside the library and when I came out again it had gone.

이 외에도 go는 다양한 뜻('(활동을) 시작하다, (기계가) 가다[작동하다], 처분되다, 해고되다, (건강이나 몸의 기능이) 가다[망가지다], 세상을 떠나다, (돈이) 나가다[쓰이다], 팔리다, (어떤 액수의 가격을 기꺼이) 내다[주다], 도움이 되다, 역할을 하다, (시간이) 가다' 등으로 쓰이기도 한다.

I'll say 'One, two, three, go! as a signal for you to start.

(내가 "하나, 둘, 셋, 시작! 할 테니까 그걸 신호로 시작하는 거야.)

This clock doesn't go.

(이 시계가 안 가.)

He's useless — he'll have to go.

(그는 쓸모가 없어요. 그는 해고해야 해요.)

Her sight is beginning to go.

(그녀는 시력이 가기 시작하고 있다.)

You can't take your money with you when you go.

(이 세상을 떠날 때 돈을 가지고 갈 수 있는 것은 아니잖아요.)

I don't know where the money goes!

(그 돈이 어디로 나가는지 모르겠어!)

We won't let the house go for less than $200,000.

(우리가 그 집을 이십 만 달러 이하로는 팔지 않을 것이다.)

I'll go to $1,000 but that's my limit.

(제가 천 달러를 주겠어요. 하지만 그게 제가 낼 수 있는 한도예요.)

This all goes to prove my theory.

(이 모든 것이 내 이론을 입증하는 데 도움이 된다.)

Hasn't the time gone quickly?

(시간이 정말 빨리 갔지 않니?)

His pulse is going rapidly.

The vacation went quickly.

The house went for $50,000.

◈ '낚시/배/쇼핑/관광/쇼핑/배/수영/ 등을 하러 가다 등'의 경우에는 go fishing/sailing/shopping/sightseeing/swimming 등의 표현이 쓰인다.

How often do you go shopping?

(얼마나 자주 쇼핑하러 가세요?)

How often do you go swimming?

(수영은 얼마나 자주 하세요?)

Sometimes I'd like to chuck it all and go fishing.

(때때로 나는 일을 때려치우고 낚시하러 가고 싶다.)

I went sightseeing around the Grand Canyon today.

(오늘 나는 그랜드 캐년을 관광했어요.)

When my family went sailing, I learned how to hoist a sail.

(가족과 요트를 타러 갔을 때, 나는 돛을 올리는 법을 배웠다.)

How often do you go shopping for clothes?

(얼마나 자주 옷을 사러 나가시나요?)

You can go swimming while I'm having lunch.

(내가 점심을 먹는 동안에 넌 수영을 하러 갈 수도 있어.)

For seven days I had been very excited to go sightseeing and shopping in New York.

(칠 일 동안 뉴욕에서 관광과 쇼핑을 하며 나는 즐거운 시간을 보냈어요.)

They've probably gone fishing.

I went to Canada to go sightseeing.

Last week, I went shopping to buy a small Christmas tree.

Many children go swimming on hot summer days to cool off.

◈ '드라이브/조깅/달리기/수영을[를] 하러 가다 등'의 경우에는 go for a drive/jog/run/swim/walk etc.가 쓰인다.

I think I'll go for a swim.

(난 수영을 하러 갈 생각이다.)

Why don't you go for a walk?

(산책 가는 게 어때?)

Let's go for a dip before breakfast.

(아침 먹기 전에 잠깐 수영하러 가자.)

Shall we go for a drink after work?

(퇴근 후에 한잔 하러 갈까?)

Let's go for a drive after the movie.

(우리 영화보고 드라이브하러 가자.)

It's a nice day. Let's go for a picnic.

(오늘 날씨 좋구나. 우리 소풍 가자.)

It's a beautiful car. I'd love to go for a ride.

(멋진 차네요. 한번 타 보고 싶어요.)

When can we go for a swim?

(우리 언제 수영하러 갈 수 있어요?)

Wanna go for a drink tonight?

(오늘밤 한잔하러 갈까?)

We'll go for a walk if you feel like it.

(네가 그러고 싶으면 우리 산책을 나가도 돼.)

Why don't we go for a bike ride today?

(오늘 우리 자전거 타러 가지 않을래?)

Would anyone like to go for a drive?

◈ '~에서 내리다/나오다 등'의 경우에는 go out/go out of가 아닌 get off/get out of 등이 쓰인다. get off는 '~에서 내리다'라는 뜻으로 버스, 기차, 비행기, 배와 자전거에서 내리는 경우에 쓰인다. 이 외에 get off는 구동사(phrasal verb)로서 다양하게 쓰인다. get out of는 '~에서 나오다'라는 뜻으로 자동차, 택시, 배. 기차와 승강기[엘리베이트]에서 내리는 경우에 쓰인다. 이 외에 get out of는 구동사(phrasal verb)로서 다양하게 쓰인다.

〈get off의 예〉

This is where you should get off.

(여기서 내리셔야 합니다.)

I'll get off the train at the next station.

(다음 역에서 기차에서 내릴 거다.)

What subway station should I get off at?

(어느 지하철역에서 내려야 하죠?)

I asked the bus driver where I should get off.

(내가 어디에서 내려야 하는지 버스 운전사한테 물었다.)

The bus driver will tell you where to get off.

◈ go out은 ① '(사교 모임에 가기 위해) 외출하다[나가다]'라는 뜻이다. 이 외에 go out은 ② '발송되다', ③ '(뉴스·정보가) 발표되다[알려지다]', ④'(불·전깃불이) 꺼지다[나가다]', ⑤ '유행이 끝나다'와 ⑥ '~와 시간을 보내다, ~와 데이트[연애]를 하다' 등의 뜻으로 쓰인다.

①의 예

She goes out a lot.

(그녀는 외출을 많이 한다.)

He goes out drinking most evening.

(그는 거의 저녁마다 술을 마시러 나간다.)

I didn't go out because of the bad weather.

(날씨가 나빴기 때문에 나는 외출하지 않았다.)

That evening, she and a friend went out to a movie.

②의 예

Does this need to go out today?

(이거 오늘 발송해야 돼요?)

Have the invitations gone out yet?

(초대장은 이미 발송했어요?)

What time does our company mail go out?

(우리 회사 우편물이 몇 시에 발송되죠?)

Here, I'll sign them for you. They have to go out today.

③의 예

Have the notices all gone out?

(모든 안내문들이 알려졌나요?)

Word went out that the director had resigned.

(국장이 사임했다는 소식이 알려졌다.)

Word went out that a column of tanks was on its way.

(줄 지어선 탱크가 출발했다는 소식이 알려졌다.)

The series goes out at 10:30 pm, Fridays on Channel 4.

④의 예

Don't let the fire go out.

(불이 안 꺼지게 해요.)

The fire went out in the rain.

(비가 와서 불이 꺼져버렸다.)

The spark of life won't go out.

(생명의 불꽃은 꺼지지 않을 것이다.)

The power went out because of the storm.

⑤의 예

Those skirts went out years ago.

(그런 치마는 수년 전에 유행이 끝났다.)

Wide neckties went out in the 70s.

(넓은 넥타이는 칠십 년대에 유행이 끝났다.)

Short skirts went out some time ago.

(짧은 치마는 얼마전에 유행이 끝났다.)

Double–breasted suits went out years ago.

⑥의 예

Tom has been going out with Lucy for six weeks.

(톰은 루시와 육 주째 사귀고 있는 중이다.)

They went out for two years before getting married.

(그들은 결혼하기 전에 이 년 동안 연애를 했다.)

How long have Tom and Lucy been going out together?

(톰과 루시가 함께 데이트한 지 얼마나 되었지?)

She swore she would never go out with him again.

〈get out of의 예〉

Get out of the car and get on the ground.

(자동차에서 내려 바닥에 엎드려.)

Get out of the building as soon as possible.

(그 건물에서 최대한 빨리 나가라.)

Get out of the car with your hands on your head!

(머리 위로 손 올리고 그 차에서 나와!)

First, turn the ignition off and get out of your car.

(먼저 시동을 끄고 자동차에서 나가세요.)

Get out of the house or I'll call the police.

◈ go out of는 ① '~에서 나가다', ② '(대회 등에서) 탈락하다', ③ '(특질·감정이) ~에서 없어지다'와 ④ '유행이 끝나다'라는 뜻이다.

①의 예

Go out of the hotel to the left.

(호텔에서 왼쪽으로 가세요.)

Would you please go out of the room?

(방에서 좀 나가 주시겠습니까?)

Can I go out of the airport and look around the city?

(공항 밖으로 나가서 시내를 돌아보고 와도 될까요?)

When we go out of the apartment, we can swim in the sea.

②의 예

She went out of the tournament in the first round.

(그녀는 토너먼트 일 라운드에서 탈락했다.)

England went out of the World Cup amid great controversy.

(영국은 굉장한 논란이 일어나는 가운데 월드컵에서 탈락했다.)

England went out of in the second round of the championship.

(영국은 챔피언전 이 회전에서 탈락했다.)

Newcastle went out of the competition, losing 2–1 on aggregate.

③의 예

The fun had gone out of it.

(재미가 없어져 버렸다.)

A boy went out of sight in a sudden.

(소년이 갑자기 시야에서 사라졌다.)

All the fight seemed to go out of him.

(그는 모든 전의를 상실해 버린 것 같았다.)

Let's go out of hearing before I tell you the secret.

④의 예

Some styles never go out of fashion.

(일부 스타일은 결코 유행[인기]이 식지 않는다.)

Lots of old-fashioned people go out of style.

(보수적인 많은 사람은 유행에 뒤떨어진다.)

We all know that jeans never go out of style.

(우리 모두는 청바지는 결코 유행에 뒤떨어지지 않는 다는 것을 안다.)

That style went out of fashion a long time ago.

* 그런데 go out of business는 '폐업하다'라는 뜻으로 쓰인다.

We will not go out of business.

(우리는 폐업하지 않을 것이다.)

When did they go out of business?

(언제 그들이 폐업했어?)

Thousands of firms could go out of business.

(수천 개의 기업이 도산할 수 있다.)

Some travel companies will probably go out of business this summer.

* 그리고 go out of one's way는 '(~을[를] 하기 위해) 특별히 애를 쓰다[노력하다]'라는 뜻으로 쓰인다.

Don't go out of your way to do that.

(번거롭게 그러시지 마세요.)

I would go out of my way to help you.

(당신을 돕기 위해서라면 무엇이든 할 것입니다.)

They go out of their way to provide help and research.

(그들은 협조와 연구를 적극적으로 제공하려 한다.)

Go out of your way to mingle with others at the wedding.

* go/fly out of the window는 '없어지다[완전히 사라지다]'라는 뜻이다.

His fame went out of the window.

(그의 명성은 완전히 사라져버렸다.)

Our emotions have to go out of the window.

(우리의 감정은 사라져야 한다.)

By now all logic had gone out of the window.

(이제는 모든 논리가 사라져 버렸다.)

Everything we've done could go out the window.

It's unsound that all the hopes fly out of the window.

(모든 희망이 사라진 것은 바람직하지 않다.)

Reason then flies out of the window and with it common sense.

(그리고 나서 이성이 없어져버리고, 이성과 함께 상식도 없어져 버린다.)

This is a real-life situation where equality flies out of the window.

(이것은 모든 희망이 사라진 것과 동등한 현실의 상황이다.)

And yet suddenly all those arguments flew out of the window.

〈come의 경우〉

She comes to work by bus.

(그녀는 버스를 타고 직장에 온다[출근한다].)

My son is coming home soon.

(우리 아들이 곧 집에 와요.)

They're coming to stay for a week.

(그들이 일주일간 지내러 와.)

He came into the room and shut the door.

(그는 방으로 들어와 문을 닫았다.)

When can I come and see you?

◈ come이 '(…쪽으로) 오다[움직이다]'라는 뜻 이 외에 ① '(어떤 위치·장소에) 오다[닿다]', ② '(…을[를] 가지러/하러) 오다', ③ '(어떤 행사 등에 참석하러) 오다[가다]', ④ '(…하게/하면서) 오다', ⑤ '(얼마의 거리를) 오다[나아가다]', ⑥ '(어떤 일이) 일어나다[찾아오다]'라는 뜻으로 넓은 의미의 '오다'라는 뜻을 갖는 것으로 쓰인다. 그리고 come은 ⑦ '〈의문문에서 이유나 방법을 물을 때 쓰임〉'과 ⑧ '(어떤 위치를[에] 차지하다[있다]', ⑨ come to/into sth으로 쓰여 '어떤 상태에[가] 이르다[되다]', ⑩ '(물품·상품 등이) 나오다', ⑪ '(…이) 되다'와 ⑫ '(무엇을 깨닫거나 이해하거나 믿게) 되다'라는 뜻으로 쓰이기도 한다.

①의 예

What time did you come?

(너 몇 시에 왔니?)

Your breakfast is coming soon.

(곧 당신의 아침이 나와요.)

They continued until they came to a river.

(그들이 강에 이를 때까지 계속 갔다.)

Spring came late this year.

②의 예

I've come for my book.

(난 내 책을 가지러 왔어.)

He came looking for me.

(그는 나를 찾으러 왔었다.)

I've come to gert my book.

(난 내 책을 가지러 왔어.)

My parents are coming to have dinner with us;

③의 예

Thanks for coming.

(와 주셔서 고마워요.)

I've only come for an hour.

(난 한 시간밖에 못 있어.)

Why don't you come skating tonight?

(오늘밤 스케이트 타러 오지 그러니?)

Are you coming to the club with us tonight?

④의 예

She came running to meet us.

(그녀가 우리를 맞이하러 달려왔다.)

The children came running into the room.

(아이들이 방 안으로 뛰어들어 왔다.)

A little boy came running up and tugged at his sleeve excitedly.

(어린 소년이 뛰어와서는 그의 소매를 마구 잡아당겼다.)

The little girl came running to her mother for sympathy.

⑤의 예

We've come 50 miles this morning.

(우리는 오늘 오전에 오십 마일을 왔다.)

The company has come a long way in the last 5 years.

(그 회사는 지난 오 년간 많은 진전을 보았다.)

* 이 표현은 비유적인 표현이다.

Some whales came as close as 16 kilometers from New York City.

(어떤 고래들은 뉴욕 시에서 십육 킬로미터 떨어진 지점까지 가까이 왔다.)

They've come hundreds of miles to be here tonight.

⑥의 예

His resignation came as no surprise.

(그의 사임은 전혀 놀랍지 않게 찾아왔다.)

The rain came too late to do any good.

(비가 너무 늦게 내려 아무런 도움이 되지 못했다.)

Her death came as a terrible shock to us.

(그녀의 죽음은 우리에게 끔찍한 충격으로 찾아왔다.)

The agreement came after several hours of negotiations.

⑦의 예

How did you come to meet him?

(그를 어떻게 해서 만나게 되었어?)

How did he come to break his leg?

(그가 어쩌다 다리를 부러뜨렸지?)

A: How did you come?

B: By car.

(A: 넌 어떻게 왔니?

B: (승용)차로 왔어.)

How do you come to be so late?

⑧의 예

His family comes first.

([그의 인생에서는] 그의 가족이 첫째이다.)

She came second in the exam.

(그는 그 시험에서 이등을 했다.)

That comes a long way down my list of priorities.

(그것은 나의 우선 순위 목록에서 한참 아래쪽에 나온다.)

For him, his job always comes first.

⑨의 예

He came to power in 2010.

(그는 이천십 년에 권좌에 올랐다.)

The trees are coming into leaf.

(나무들에 잎이 나고 있다.)

At last winter came to an end.

(마침내 겨울이 끝이 났다.)

When will they come to a decision?

(그들이 언제 결정에 이르게 될까?)

The real existence of a military option will come into play.

⑩의 예

New cars don't come cheap.

(새 차는 싸게 나오지 않는다.)

Houses like that don't come cheap.

(저것과 같은 집은 싸게 나오지 않는다.)

This dress comes in black and red.

(이 원피스는 검은 색상과 빨강 색상으로 나온다.)

The car comes complete with a radio and sunroof.

⑪의 예

The handle came loose.

(손잡이가 느슨해졌다.)

The buttons had come undone.

(단추들이 풀려 있었다.)

Everything will come right in the end.

(결국에는 모든 게 잘 될 거야.)

My shoelaces have come untied.

⑫의 예

In time she came to love him.

(머지않아 그녀는 그를 사랑하게 되었다.)

She had come to see the problem in a new light.

(그녀는 그 문제를 새로운 시각에서 보게 된 참이었다.)

I've come to expect this kind of behavior from him.

(나는 그에게서 이런 종류의 행위를 예상[기대]하게 되었다.)

In time you may come to like it here.

◈ 도착하는 것을 의미할 때는 get (to)가 쓰인다. get (to)는 '(장소·위치에) 도착하다'라는 뜻이다.

What time did you get here?

(너 몇 시에 여기 도착했니?)

You got in very late last night.

(너는 지난밤에 아주 늦게 도착했다.)

I haven't got very far with the book I'm reading.

(난 지금 읽고 있는 책을 별로 많이 못 읽었어.)

When does the train get there?

We got to London at 9 o'clock.

(우리는 아홉 시에 런던에 도착했다.)

Allow plenty of time to get to the airport.

(공항까지 가는 데는 시간을 충분히 잡아라.)

How long does it take to get to the hotel from the airport?

(공항에서 호텔까지 얼마나 걸리나요?)

The fastest way to get to the library is to go through the park.

12 hinder와 prevent의 차이

hinder는 '저해[방해]하다, …을[를] 못하게 하다'라는 뜻이다. prevent는 '(…을[를]/…가 ~하는 것을) 막다[예방/방지하다]'라는 뜻이다. hinder sth은 진보, 개발이나 성장 등을 늦추거나 중지하도록 하는 경우에 쓰인다. prevent sb from doing sth은 누군가가 어떤 것을 하는 것을 불가능하게 만들거나 어떤 것이 일어나는 것을 막는 경우에 쓰인다.

〈hinder의 경우〉

Adverse winds hinder planes.

(역풍이 항공기들의 진로를 방해한다.)

Some teachers felt hindered by a lack of resources.

(일부 교사들은 자료 부족 때문에 지장을 받는다고 생각했다.)

An injury was hindering him from playing the best.

(그는 부상으로 최고 기량을 못 내고 있었다.)

Our understanding at present is that cataracts do not hinder iris recognition.

(현재 우리가 알고 있는 바로는 백내장이 홍채의 인식을 방해하지 않는다.)

Heavy rains hindered the expedition's progress.

Higher interest rates could hinder economic growth.

〈prevent의 경우〉

The accident could have been prevented.

(그 사고는 방지할 수도 있었을 것이다.)

He is prevented by law from holding a licence.

(그는 법의 의해 면허증 소지가 금지되어 있다.)

The floor is sealed to prevent water penetration.

(바닥에는 물이 스며들지 않도록 틈새가 완전히 메워져 있다.)

Nothing would prevent him from speaking out against injustice.

(그 무엇도 그가 소리 높여 부정에 반대하는 것을 막지 못할 것이다.)

He removed the ignition key to prevent them from leaving.

Girls should not be prevented from taking part in these sports.

◈ deter는 '단념시키다, 그만두게 하다'라는 뜻으로 누군가가 어떤 것을 하지 않도록 설득하거나 누군가가 어떤 것을 하는 것을 막거나 말리는 경우에 쓰인다.

But this didn't deter people from supporting it.

(그러나 이것은 사람들이 그것을 지지하는 것을 단념시키지 못했다.)

I told him I wasn't interested, but he wasn't deterred.

(내가 그에게 관심이 없다고 했지만 그는 단념하지 않았다.)

The high price of the service could deter people from seeking advice.

(그 서비스의 비용이 높아서 사람들이 조언을 구하는 일을 단념할 수도 있다.)

We need severe punishment to deter people from dealing in drugs.

Tougher laws are needed to deter people from drinking and driving.

◈ protect는 '보호하다, 지키다'라는 뜻으로 누군가 또는 그 무엇을 안전하게 유지하는 경우에 쓰인다.

They huddled together to protect themselves from the wind.

(그들은 바람으로부터 몸을 보호하기 위해 함께 모여 몸을 웅크렸다.)

Troops have been sent to protect aid workers against attack.

(원조 요원들을 공격으로부터 보호하기 위해 군대가 파견되었다.)

Each company is fighting to protect its own commercial interests.

(각 기업이 그들 자신의 상업적 이익을 지키기 위해 싸우고 있다.)

These rare birds are protected by special laws.

It is the responsibility of the police and the courts to protect us from these killers and maniacs.

◈ 주어가 나오면서 주어의 영향을 받는 대상이 무엇을 못하게 하거나 저지하거나 막거나 방지하는 등의 동사가 쓰이는 경우에는 전치사 from만이 쓰인다. 이런 종류의 동사에는 ban, deter, discourage, dissuade, forbid, hinder, keep, prevent, prohibit, refrain, save과 stop 등이 있다.

① ban A from B: '~에게 …을[를] 금(지)하다'라는 뜻이다. 주로 수동태로 쓰인다.

He was banned from driving for six months.

(그는 육 개월간 운전을 금지당했다.)

The law would ban smoking from all public areas.

(이 법은 모든 공공 장소에서 흡연을 금지할 것이다.)

The military government banned private citizens from carrying guns.

② deter A from B: '~에게 …을[를] 단념시키다. ~에게 …을[를] 그만두게 하다' 라는 뜻이다.

Nothing can deter him from doing his duty.

(어떤 일도 그의 의무 수행을 단념시킬 수는 없다.)

I was able to deter him from doing that, and I'm fine.

(나는 그가 그 일을 하는 것에서 단념시킬 수 있었고, 난 지금 나아졌다.)

The wild weather did not deter some people from swimming in the sea.

③ discourage A from B: 'A로 하여금 (무엇을 어렵게 만들거나 반대하여) B를 막다[말리다]'라는 뜻이다.

The weather discouraged people from attending.

(날씨 때문에 사람들의 참석 열의가 낮았다.)

His parents tried to discourage him from being an actor.

(그의 부모는 그가 배우가 되는 것을 막으려고 했다.)

The bad weather discouraged people from attending the parade.

* encourage A to B와 구별해야 한다. encourage A to B는 'A가 B하는 것을 장려[권장]하다'라는 뜻이다.

  They encourage boys to be sensitive and artistic.

  (그들은 남자 아이들의 감수성과 예술적 소양을 장려한다.)

  Banks actively encourage people to borrow money.

  (은행들이 사람들에게 돈을 빌리도록 적극 권장하고 있다.)

  He encouraged me to apply for the job.

④ dissuade A from B: '(B하지 않도록) A를 설득[만류]하다'라는 뜻이다.

I tried to dissuade him from giving up his job.

(나는 그에게 직장을 그만두지 않도록 설득하려고 애를 썼다.)

Doctors had tried to dissuade patients from smoking.

(의사들은 환자들을 설득해서 담배를 끊게 하려고 노력했었다.)

I'm trying to dissuade her from buying a TV.

* persuade A to B와 구별해야 한다. persuade A to B는 'A를 설득하여 B하게 하다, A가 B를 하도록 설득하다'라는 뜻이다. 여기서 전치사는 to를 사용한다. to는 주로 좋은 쪽으로 이끌 때 자주 쓰이는 전치사이다.

Try to persuade him to come.

(그를 오라고 설득해 보아라.)

They tried in vain to persuade her to go.

(그들은 그녀를 가도록 설득하려 했지만 허사였다.)

Nobody could persuade her to change her mind.

⑤ forbid A from B: 'A가 B하는 것을 금[지]하다'라는 뜻이다.

Didn't you forbid me from eating out?

(당신은 저가 외식 나가는 거 금지시켰어요?)

That's a good question, but what can we do? We can't forbid people from buying it.

(좋은 생각인 것 같아요. 그렇지만 우리가 무엇을 할 수 있을까요? 사람들이 그 물건을 사는 걸 막을 순 없어요.)

Army policy forbids soldiers in uniform from talking to the news media.

⑥ hinder A from B: 'A가 B하는 것을 저해[방해]하다, A가 B하는 것을 못하게 하다'라는 뜻이다.

What should hinder you from loving them?

(무엇이 당신이 그들을 좋아하는 것을 못하게 했나요?)

But it doesn't hinder them from doing absurd things.

(그러나 그것이 그들이 불법적인 일들을 행하는 것을 막지는 못했습니다.)

Can you two hinder them from firing that gun?

⑦ keep A from B: 'A가 B하지 않도록 하다[…을[를] 참다]'라는 뜻이다.

Nothing could keep him from leaving.

(어떻게 해도 그를 잡아 둘 수가 없었다.)

The church bells keep me from sleeping.

(교회 종소리 때문에 내가 잠을 잘 수가 없다.)

Put the milk in the refrigerator to keep it from spoiling.

⑧ prevent A from B: 'A가 B하는 것을 막다[예방/방지하다]'라는 뜻이다.

Nothing could prevent them from doing so.

(어떤 난관도 그들이 하고자 하는 것을 막지 못했다.)

Further treatment will prevent cancer from developing.

(치료를 더 받으면 암이 진행되는 것을 방지할 수 있을 겁니다.)

He said this would prevent companies from creating new jobs.

(그는 이것이 회사들의 새로운 일자리 창출을 막을 것이라고 말했다.)

⑨ prohibit A from B: 'A가 B하는 것을 금하다[금지하다], A가 B하지 못하게 하다'라는 뜻이다.

Such expensive lodging really does prohibit small businesses from attending.

(그렇게 비싼 숙박료로 인해 중소기업들은 참석하기가 힘들어진다.)

No one has the right to prohibit these people from getting what they both want and need.

(어느 누구에게도 이런 사람들이 자신들이 원하고 필요로 하는 것을 하지 못하도록 막을 권리는 없다.)

The government intends to prohibit shopkeepers from selling cigarettes to children.

⑩ refrain A from B: '(A가 특히 B하고 싶은 것을) 삼가다'라는 뜻이다.

He had to refrain from smoking because of his illness.

(그는 병 때문에 흡연을 삼가야 했다.)

Please refrain from using the telephone for private purposes.

(개인적인 용도로 전화 사용하는 것을 삼가해 주세요.)

Students refrain from smoking in the classroom.

⑪ save A from B: 'A를 B(죽음·손상·손실 등)에서 구하다'라는 뜻으로 쓰인다.

Let me save you from making a fool of yourself.

(제가 당신이 바보처럼 보이지 않도록 해 줄 게요.)

So I have turned to Berry to save me from humiliation.

(그래서 나는 굴욕에서 나를 구해 달라고 베리에게 도움을 청했다.)

The sudden fall in interest rates saved the company from bankruptcy.

⑫ stop A from B: 'A가 B하는 (어떤 일이나 행동을) 막다'라는 뜻이다.

You can't stop people from saying what they think.

(사람들이 자기 생각을 말하는 것을 막을 수 없다.)

Nothing shall stop me from accomplishing my purpose.

(무슨 일이 있어도 내 목적을 관철시키겠다.)

A broken leg won't stop me from going to the concert.

13 amuse oneself와 enjoy oneself의 차이

amuse는 '(사람을) 즐겁게[미소 짓게/재미있게] 하다, 즐거운 시간을 갖게 해주다'라는 뜻이고, amuse oneself는 '…하며[…로] 즐기다, 흥겨워하다'라는 뜻으로 자신이 지겹게 되는 것을 그만두게 무엇인가를 하는 경우에 쓰인다. enjoy는 '즐기다, 누리다, 향유하다 '라는 뜻이고, enjoy oneself는 '즐기다, 즐거운 시간을 보내다, (무엇을 하면서) 즐거워하다'라는 뜻으로 자신이 즐거운 시간을 갖는 경우에 쓰인다.

〈amuse oneself의 경우〉

I was amusing myself with my comments.

(나는 내 논평에 대해 만족해하고 있었다.)

I'm sure I'll be able to amuse myself for a few hours.

(난 분명히 몇 시간 동안은 나 혼자 즐겁게 보낼 수 있을 거예요.)

I amuse myself with reading books in my leisure time.

(나는 여가시간을 독서로 즐긴다.)

The little boy amused himself for hours by playing with his toys.

(그 꼬마 아이는 몇 시간 동안 장난감을 가지고 놀면서 즐거워했다.)

With a pencil or two and a few sheets of paper, young children can amuse themselves for hours.

◈ amuse의 경우

This will amuse you.

(이거 들으면[보면] 너 재미있을 거야.)

My funny drawings amused the kids.

(내가 그린 웃기는 그림들을 보고 그 아이들이 즐거워했다.)

It amused him to think that they were probably talking about him at that very moment.

(그는 바로 그 순간 그들이 아마 자기 얘기를 하고 있을 거라고 생각하니 즐거웠다.)

She suggested several ideas to help Laura amuse the twins.

◈ amuse의 형용사는 amusing으로 '재미있는, 즐거운, 기분풀이가 되는, 신나는'이란 뜻으로 웃음이나 미소를 짓게 만드는 경우에 쓰인다. 이와 비슷한 뜻의 enjoyable은 '즐거운'(=pleasant)이란 뜻으로 행복한 느낌을 갖도록 하는 즐거운 또는 기분좋은 경우에 쓰인다.

〈amusing의 예〉

He is telling her an amusing story.

(그는 그녀에게 재미있는 이야기를 해주고 있다.)

I didn't find the joke at all amusing.

(나는 그 농담이 하나도 재미없었다.)

The men are playing amusing games.

(그 남자들이 재미있는 게임을 하고 있다.)

I don't see anything amusing about finding a snake in your tent in the middle of the night.

* 어떤 것이 관심을 끌면서 더 많이 알고 싶어하도록 만드는 경우에는 amusing이 아닌 interesting('(특별히 신나거나 특이해서) 재미있는, 흥미로운')이 쓰인다.

Can't we do something more interesting?

(우리 뭐좀 더 재미있는 것 할 수 없어?)

I find it interesting that she claims not to know him.

(나는 그녀가 그를 모른다고 주장하는 것이 흥미롭다.)

It would be interesting to know what he really believed.

(그가 진짜 믿은 것이 무엇인지를 알면 흥미로울 것이다.)

His plan for raising more money sounds interesting but I'm not sure it'll work.

〈enjoyable의 예〉

I had a most enjoyable evening.

(아주 즐거운 저녁을 보냈습니다.)

I always find it more enjoyable.

(난 항상 그것이 더 즐겁다고 생각해요.)

Is it enjoyable to just fool around all day long?

(그저 하루종일 빈둥빈둥거리는 게 즐거우냐?)

It was all very educational, but also hugely enjoyable.

(그것은 매우 교육적이었을 뿐만 아니라 또한 엄청나게 즐겁기까지 하였다.)

Exercise may ba hard work, but it can also be enjoyable.

〈enjoy oneself의 경우〉

I enjoyed myself at the party.

(나는 그 파티에서 즐거운 시간을 보냈다.)

It's not cheap to relax and enjoy oneself.

(쉬면서 즐겁게 보내는 데는 돈이 많이 들어.)

They all enjoyed themselves at the party.

(그들은 그 파티에서 모두 즐거운 시간을 보냈다.)

Some people enjoy themselves wherever they are.

(어떤 사람들은 어디에 있든 즐겁게 지낸다.)

They enjoy themselves drinking wine, smoking, and playing cards.

◈ enjoy의 경우

I hope you enjoy your trip.

(여행 잘 하시길[즐거운 여행되시길] 바래요.)

I enjoy playing tennis and squash.

(나는 테니스와 스쿼시 치는 걸 즐긴다.)

I just hope you enjoy living here in Seoul.

(당신이 여기 서울에서 즐겁게 살아가시길 저는 바랄 뿐입니다.)

We thoroughly enjoyed our time in New York.

(우리는 뉴욕에서 보내는 시간을 철저히 즐겼다.)

Thanks for a great evening. I really enjoyed it.

He's always enjoyed good health.

(그는 항상 건강을 누려 왔다.)

It's best to live and enjoy the moment.

(순간순간을 즐기며 사는 것이 가장 좋은 삶이에요.)

It's an excellent place to relax and enjoy the scenery.

(그곳은 휴식을 취하고 경치를 향유하기에 최적의 장소입니다.)

People in this country enjoy a high standard of living.

(이 나라 사람들은 높은 생활수준을 누리고 있다.)

Parks are communal property for all the people to enjoy.

14 apply for와 apply to의 쓰임새

apply는 ① '신청하다, 지원하다', ② '쓰다, 적용하다', '(페인트·크림 등을) 바르다', ③ '적용되다, 해당되다', ④ '전념[몰두]하다'와 ⑤ '(손·발 등으로) 누르다[힘을 가하다]'라는 뜻으로 쓰인다. 그런데 apply 다음에 쓰이는 전치사는 for(apply for)와 to(apply to)가 있는데, 이 둘의 쓰임새는 차이가 있다. apply to('지원하다, 적용하다, 바르다') 다음에는 조직 등 다양한 대상이 오고 apply for('~에 지원하다, 신청하다') 다음에는 직장, (일)자리, (학)과목과 장학금 등이 온다. 그리고 apply to sb/sth는 '…을[를] 목표로 하다'(=be aimed at)라는 뜻으로 쓰인다.

〈apply의 경우〉

①의 예

You should apply in person.

(직접 지원[신청]해야 합니다.)

All staff are eligible to apply.

(모든 직원들은 지원 자격이 된다.)

Not all teachers who were eligible to apply did so.

(지원할 수 있는 모든 선생님들이 그렇게 하지 않았다.)

Michael is planning to apply to many different schools.

(마이클은 여러 학교에 지원할 계획이다.)

It's only fair to let her know that you intend to apply.

②의 예

People can apply it to any surface.

(사람들은 그것을 어떤 표면에도 적용할 수 있습니다.)

The new technology was applied to farming.

(그 신기술이 농사에 적용되었다.)

Pour into a spray bottle and apply to plants.

(스프레이병에 붓고 식물에게 뿌리세요.)

Use a cotton ball to apply the lotion.

(로션을 바를 때는 솜뭉치를 이용하세요.)

Apply to your face and let sit until dry.

(얼굴에 바르고 마를 때까지 앉아 있으세요.)

Apply to your skin, and very gently massage it in.

(피부에 바르고 매우 부드럽게 마사지하세요.)

We can't apply this rule to diplomats.

(그 규칙을 외교관에게 적용할 수 없다.)

The same will apply in every other country.

(그 외 모든 국가에게도 똑같은 사항이 적용될 것이다.)

Who is going to apply the chemotheraphy?

(누가 화학요법을 적용할건가요?)

Despite their frequent use, most efforts to apply economic sanctions have failed.

It is an area where the UK Government should be applying political pressure to move negotiations forward.

③의 예

Discounts apply to standing orders.

(정기 구독에 한해서 할인이 적용된다.)

The convention does not apply to us.

(그 관습이 우리에게는 적용되지 않는다.)

Special conditions apply if you are under 18.

(십팔 세 이하에게는 특별 조건이 적용된다.)

What I am saying applies only to some of you.

(내가 하는 말은 여러분 가운데 일부에게만 해당된다.)

The word 'unexciting' could never be applied to her novels.

④의 예

You'd better apply yourself to study.

(네가 학생인 동안에 공부에 전념해라.)

You'd better apply your energies to study.

(네가 학생인 동안에 공부에 정력을 기울여라.)

You would pass your exams if you applied yourself.

(네가 전념하면 시험에 합격할 수 있을 거야.)

We applied our minds to finding a solution to our problem.

(우리는 우리가 안고 있는 문제에 대한 해결책을 찾는 데 마음을 쏟았다.)

He has a lot of talent, but he won't apply himself.

⑤의 예

Don't apply any undue pressure to the girl.

(그 여성에게 어떤 과도한 압박감을 주지 마세요.)

He had to apply some force to open the door.

(그는 문을 열기 위해 힘을 써야 했다.)

Pressure applied to the wound will stop bleeding.

(상처에 압박을 가하면 흐르는 피가 멈출 것이다.)

She didn't have to swerve, or even apply the brakes.

(그녀는 방향을 바꾸지도 않았고, 심지어 브레이크도 밟지 않았다.)

Just be careful to apply the right amount of pressure.

〈apply for의 경우〉

I'd like to apply for a visa.

(저가 비자를 신청하려고 합니다.)

I'd like to apply for a loan.

(저가 대출신청을 하고 싶습니다.)

I'm thinking of applying for a new job.

(나는 새로운 직장에 지원을 해 볼 생각이다.)

I would like to apply for a driver's license.

(저는 자동차 면허를 신청하고 싶은데요.)

The leaflet explains how to apply for a place.

(그 책자는 일자리에 지원하는 방법을 설명해 준다.)

Are you going to apply for the open position in Sales?

(당신은 그 영업부 자리에 지원할 거예요?)

I should like to apply for the position of Sales Director.

(저는 영업 이사직에 지원하고자 합니다.)

Who is eligible to apply for membership of the association?

(어떤 사람이 그 협회의 회원 자격을 신청할 수 있나요[그 협회의 회원 신청 자격은 어떻게 되나요]?)

I'm very happy to apply for the overseas volunteers program.

(저는 해외 자원 봉사 프로그램에 지원하게 되어 정말 기쁩니다.)

She has applied for the post of Senior Lecturer.

〈apply to의 경우〉

The convention does not apply to us.

(그 관습이 우리에게는 적용되지 않는다.)

It does not apply to a civilized society.

(그것은 문명화된 사회에 적용되지 않는다.)

The law will apply to all Internet games.

(그 법은 모든 인터넷 게임에 적용될 것이다.)

Underline the following that apply to you.

(다음 중 당신에게 해당되는 것에 밑줄을 치시오.)

Money and power do not just apply to college.

(돈과 권력이 대학에만 적용되는 것이 아니다.)

Similar considerations apply to the exchange rate.

(유사한 고려사항은 환율에도 적용된다.)

Please tell us when the items below apply to you.

(아래 해당 사항이 있는 사람은 연락 바랍니다.)

These basic rules apply equally to men and women.

(이런 기본적인 규정은 남자와 여자에게 동등하게 적용된다.)

There are already rules on liquidity that apply to banks.

(은행에 적용되는 유동성 공급에 관한 규칙이 이미 있다.)

Scientific discoveries are often applied to industrial processes.

◈ apply to sb/sth는 '…을[를] 대상으로 하다[겨냥하다], ~에게 적용된다'(=be aimed at)라는 뜻으로 쓰이는 경우는 다음과 같다.

The law doesn't apply to ordinary workers.

(그 법률은 일반 근로자들에게는 해당 사항이 없다.)

The new law doesn't apply to small companies.

(새로운 법률은 소규모 회사들에는 적용되지 않는다.)

The rules apply to all members of the Committee.

(그 규칙은 위원회의 모든 구성원들에게 적용된다.)

This regulation does not apply to graduate students.

(이 규정은 대학원생들에게는 적용되지 않는다.)

The regulations apply to lesbian, gay and bisexual people.

◈ apply to라 할지라도 to 부정사가 오는 경우에는 위의 설명과는 차이가 난다. 이런경우에는 앞에 나온 apply에 딸린 to 부정사로 보면 된다.

He has applied <u>to join</u> the army.

(그는 입대를 지원했다.)

They may apply to join the organization.

(그들은 그 기구에 참여하기 위해 지원할 수 있다.)

People can apply to adopt pandas online beginning July 1.

(사람들은 칠 월 일 일부터 온라인으로 판다들을 입양하기 위해 신청할 수 있습니다.)

More than 10,000 students apply to go to MIT every year.

(해마다 일만 명이 넘는 학생들이 매사추세츠 공과대학교에 들어가려고 지원한다.)

They may apply to join the organization.

15 approve sth과 approve of sb/sth의 쓰임새

approve는 '찬성하다, 괜찮다고 생각하다, 승인하다, 인가하다'라는 뜻으로 공식적으로 계획, 제안 또는 지원을 받아들이는 경우에 쓰인다. 이 경우 전치사 of가 없이 쓰인다. approve of 역시 '찬성하다, 괜찮다고 생각하다, 승인하다, 인가하다'라는 뜻으로 누군가 또는 어떤 것이 좋다고 생각하는 경우에 쓰인다. 그러니까 둘 다 거의 같이 뜻으로 쓰이지만 쓰이는 상황이 다르다고 할 수 있다.

〈approve의 경우〉

I'm sorry you do not approve.

(귀하께서 승인하지 않으셨습니다.)

I am happy to approve the order.

(내가 그 지시를 승인하게 되어 기쁩니다.)

For some reason, they didn't approve it.

(무슨 이유인지는 모르겠지만 승인을 안 해줬습니다.)

Do you think the bank will approve our loan?

(은행에서 융자를 해줄까요?)

The committee unanimously approved the plan.

(위원회는 그 계획 을 만장일치로 승인했다.)

Can I get you to approve this schedule change for me?

(저를 위해서 이 일정 변경을 승인해 주시겠습니까?)

The course is approved by the Department for Education.

(그 강좌는 교육부의 인가를 받았다.)

Can we deduce from your silence that you do not approve?

(당신의 침묵을 당신이 인정하지 않는다는 뜻으로 추정해도 되겠습니까?)

I told my mother I wanted to leave school but she didn't approve.

(내가 어머니께 학교를 그만두고 싶다고 말씀드렸지만 어머니는 찬성하지 않으셨다.)

The use of the new drug has yet to be approved by the Medical Research Council.

〈approve of의 경우〉

I don't approve of it at all.

(나는 그것을 전혀 찬성하지 않는다.)

Do you approve of my idea?

(내 생각 괜찮니?)

We don't approve of smacking.

(우린 (아이들을) 때리는 것에 찬성하지 않는다.)

He doesn't approve of my lifestyle.

(그는 내 생활 방식을 인정해주지 않아.)

Several people approve of the new plan.

(몇 사람은 새 계획을 찬성할 것이다.)

I know you don't approve of the subject.

(나는 당신이 그 주제를 승인하지 않을 것을 알고 있다.)

I don't approve of violence in any shape or form.

(나는 폭력은 어떤 형태의 것이든 찬성하지 않는다.)

She doesn't approve of my leaving school this year.

(그녀는 내가 올해 학교를 떠나는[그만두는] 것을 찬성하지 않는다.)

Only a very small minority of people approved of the plan.

(극소수의 사람들만이 그 계획에 찬성했다.)

I'm sure that most athletes will approve of the new rules on drug testing.

익힘문제 1

* 다음 글에서 틀린 부분이 있으면 고쳐 쓰세요.

1. I'm dying with a cup of coffee.

2. At the end I decided not to go.

3. How do I go to the Holiday Inn?

4. People say she died with pneumonia.

5. Which color do you choose—blue or red?

6. To accomplish world unity, we need peace.

7. You should concern more about your health.

8. His health hindered him to do any hard work.

9. Be careful to water the African violets regularly.

10. The dialogue in this video is very difficult to catch.

11. He was lost and didn't know how to go back home.

12. I don't have enough experience to apply to the job.

13. They spend the whole night fighting against the fire.

14. The talk was followed by a film which ended up at midnight.

15. If you choose to see a film, we can go to the cinema instead.

16. Vietnam fought against France and then the U.S. over 30 years.

17. The first chapter is concerned about the disposal of nuclear waste.

18. Stricter punishments would prevent people from doing these things.

19. The software division expects to accomplish its sales targets this year.

20. We should spend more time thinking why people do such terrible things.

21. These days even young schoolchildren know how to deal with computers.

22. The play deals in the struggle of a married couple to live their own lives.

23. I was thinking if you would like to have lunch before visiting the museum.

24. I made a lot of new friends during my stay in England and amused myself a lot.

25. Those who approve the death penalty claim that life imprisonment is not effective.

ANSWERS

1. I'm dying for a cup of coffee. 2. In the end I decided not to go. 3. How do I get to the Holiday Inn? 4. People say she died of pneumonia. 5. Which color do you prefer —blue or red? 6. To achieve world unity, we need peace. 7. You should be more concerned about your health. 8. His health prevented him from doing any hard work. 9. Make sure (that) you water the African violets regularly. 10. The dialogue in this video is very difficult to understand.

11. He was lost and didn't know how to get back home. 12. I don't have enough experience to apply for the job. 13. They spend the whole night fighting the fire. 14. The talk was followed by a film which ended at midnight. 15. If you prefer to see a film, we can go to the cinema instead. 16. Vietnam fought France and then the U.S. over 30 years. 17. The first chapter is concerned with the disposal of nuclear waste. (또는 The first chapter concerns the disposal of nuclear waste.) 18. Stricter punishments would deter people from doing these things. 19. The software division expects to accieve its sales targets this year. 20. We should spend more time thinking about why people do such terrible things. 21. These days even young schoolchildren know how to use computers. * 특별한 기술을 요하는 장비의 일부분을 작동하게 하는 행위는 use/operate/handle을 쓴다. 22. The play deals with the struggle of a married couple to live their own lives. 23. I was wondering if you would like to have lunch before visiting the museum. * 정중한 요청이나 초대를 하는 경우에는 I was wondering if/whether~를 쓴다. 24. I made a lot of new friends during my stay in England and really enjoyed myself a lot. 25. Those who approve of the death penalty claim that life imprisonment is not effective.

익힘문제 2

* 다음 글에서 틀린 부분이 있으면 고쳐 쓰세요.

1. Be careful to fix any oil leaks.

2 As soon as the bus stopped, he went out.

3. We have to find a new way of dealing crime.

4. Why were the boys fighting against each other?

5. First, be careful that the printer has paper in it.

6. We're thinking on going to the beach after lunch.

7. I don't have enough time to deal all the questions.

8. His parents tried to prevent him to join the army.

9. I choose the first story because it's more exciting.

10. Most visitors find the museum extremely amusing.

11. At that time I couldn't speak or catch English at all.

12. I'm sorry. I still don't catch. Can you say it slower?

13. The new tax law applies only on people with large incomes.

14. If we'd all work together, I think we could achieve our goal.

15. Concerning your accommodation, there are several possibilities.

16. He advised me to think deeply about it before making a decision.

17. The trouble with smoking is that you end with make a habit of it.

18. The last three years have been the most amusing years of my life.

19. I went out of the car and waited for someone to stop and help me.

20. Some husbands do not approve the idea of their wives having a job.

21. Stricter punishments may help to prevent society from serious crime.

22. A balanced diet is accomplished by eating many different kinds of food.

23. Since nobody would lend me the money, I ended asking my father for it.

24. Some students are more concerned in earning money than doing a good job.

25. There is also a library where you can choose among a wide range of books.

ANSWERS

1. Make sure (that) you fix any oil leaks. 2. As soon as the bus stopped, he get off. 3. We have to find a new way of dealing with crime. 4. Why were the boys fighting each other? 5. First, make sure that the printer has paper in it. 6. We're thinking of going to the beach after lunch. 7. I don't have enough time to deal with all the questions. 8. His parents tried to prevent him from joining the army. 9. I prefer the first story because it's more exciting. 10. Most visitors find the museum extremely interesting. 11. At that time I couldn't speak or understand English at all. 12. I'm sorry. I still don't understand. Can you say it slower? 13. The new tax law applies only to people with large incomes. 14. If we'd all work together, I think we could accomplish our goal. 15. With regard to your accommodation, there are several possibilities. 16. He advised me to think seriously about it before making a decision. * 특별히 의사결정을 하기 전에 무언가에 대해 심각하게/주의깊게 생각하는 경우에는 think seriously/carefully를 사용하고 hink deeply는 사용하지 않는다. 17. The trouble with smoking is that you end up making a habit of it. 18. The last three years have been the most enjoyable years of my life. 19. I got out of the car and waited for someone to stop and help me. 20. Some husbands do not approve of the idea of their wives having a job. 21. Stricter punishments may help to protect society from serious crime. 22. A balanced diet is achieved by eating many different kinds of food. 23. Since nobody would lend me the money, I ended up asking my father for it. 24. Some students are more concerned with earning money than doing a good job. 25. There is also a library where you can choose from a wide range of books.

PART 2

명사

1 act와 action의 차이

2 choice와 decision의 쓰임새

1 act와 action의 차이

act는 명사와 동사로 쓰이는데, 명사로 '(특정한) 행동[행위/짓]'이란 뜻 이 외에 여러 가지 뜻으로 쓰인다. 그리고 act는 동사로 '(어떤 목적이나 문제 해결을 위한) 행동을 취하다'라는 뜻 이 외에 다양한 뜻으로 쓰인다. action 또한 명사와 동사로 쓰이는데 명사로 '(어떤 목적이나 문제 해결을 위한) 행동, 조치'라는 뜻 이 외에 여러 가지 뜻으로 쓰이고, 동사로 '확인 조치하다'라는 뜻으로만 쓰인다.

명사 '행동' 또는 '행위'와 관련되거나 동사 '행동하다'와 관련되어 act와 action은 쓰임새에 있어서 미묘한 차이가 있다. act는 어떤 사람이 행하는 특별한 어떤 것에 관해 언급하고 싶을 때 보통 쓰이고, action은 어떤 사람의 일반적인 행위에 관해 이야기를 할 때 쓰인다. 여기서 '특별한[특정한]' 경우와 '일반적인'의 상황의 차이에 따라 act와 action의 차이는 있다고 볼 수 있다.

〈act의 경우〉

(act가 명사로 쓰이는 경우)

Do not commit acts of terrorism.

(테러 행위를 저지르지 마라.)

The murder was the act of a psychopath.

(그 살인은 사이코패스(반사회적 이상 심리 소유자)의 짓이었다.)

We all fear falling victim to a criminal act.

(우리 모두는 범죄 행위의 피해자가 되는 것을 두려워한다.)

Her act of kindness warmed the hearts of those around her.

(그녀의 친절한 행위는 주위 사람들의 마음을 훈훈하게 만들었다.)

I don't know who is responsible for this horrible act of terrorism.

(act가 동사로 쓰이는 경우)

The time has come to act.

(실행[행동]할 때가 왔다.)

He claimed he acted in self-defence.

(그는 자기 행동이 정당방위였다고 주장한다.)

Because they didn't believe, they will not act.

(그들이 믿지 않았기 때문에 그들은 행동에 옮기지 않을 것이다.)

It is vital that we act to stop the destruction of the rainforests.

(우리가 열대 우림의 파괴를 막기 위해 행동을 취하는 것이 대단히 중요하다.)

The girl's life was saved because the doctors acted so promptly.

* 어떤 사람이 특별한 경우에 행동하는 것에 관해 이야기할 때 act와 behave는 교체 사용이 가능하다. behave는 '(특정한 방식으로) 처신[행동]하다'라는 뜻으로 어떤 사람이 하는 것이나 사람들이 하는 것에 관해 일반적으로 이야기할 때 쓰인다.

  She behaved with great dignity.

  (그녀는 대단히 품위 있게 처신했다.)

  He behaved like a true gentleman.

  (그는 진정한 신사답게 처신했다.)

  He behaved as if nothing had happened.

  (그는 마치 아무 일도 없었던 것처럼 행동했다.)

  The doctor behaved very unprofessionally.

  (그 의사는 아주 전문가답지 못하게 처신했다.)

  They behaved very badly towards their guests.

◈ act가 명사로 위의 '(특정한) 행동[행위/짓]'이란 뜻 이 외에 ① '(국회를 통과한) 법률', ② '가식', ③ '(연극 등의) 막', ④ '(여러 파트로 구성된 쇼의 한) 파트', ⑤ 음악에서 '공연자[그룹]'과 ⑥ the act로 '현장, 현행'이란 뜻으로도 다양하게 쓰인다. act가 동사로 '(어떤 목적이나 문제 해결을 위한) 행동을 취하다'라는 뜻 이 외에 ① '(특정한 방식으로) 행동하다[굴다]', ② '…처럼 행동하다, 가장하다', ③ '(연극이나 영화에서) 연기하다', ④ '역할[기능]을 하다'와 ⑤ '작용하다, 영향을 미치다'라는 뜻으로도 다양하게 쓰인다.

(act가 명사로 쓰이는 경우)

①의 예

The act was signed into law in May.

(그 법률은 오 월에 법으로 제정 되었다.)

Only an act of Congress could rectify the situation.

(국회 제정법만이 그 상황을 바로잡을 수 있었다.)

The $58 million memorial was established by an act of Congress in 2002.

(이천이 년에 오천팔백만 달러짜리 기념비는 의회법안에 의해 설립되었다.)

The Teaching and Higher Education Act 1998 shall be amended as follows.

(교수와 고등교육법 천구백팔십팔은 다음과 같이 개정될 것이다.)

The Higher Education Act 2004 represents a significant departure for British higher education.

②의 예

Her crying was all an act.

(그녀가 운 것은 모두가 연극이었다.)

We don't do the clown act no more.

(우리는 더 이상 광대 짓을 하지 않습니다.)

I think she's just putting on an act.

(내가 볼 때는 그녀는 연기를 하는 거예요.)

Don't take her seriously—it's all an act.

(그녀를 심각하게 받아들이지 마. 모두 가식일 뿐이니까.)

You could tell she was just putting on an act.

(그녀가 가식을 부리고 있을 뿐이라는 것을 알 수 있었다.)

He seems nice at first, but it's all an act.

③의 예

He'll put it in his next act.

(그는 그것을 다음 막에 넣을 거야.)

The hero dies in Act 5, Scene 3.

(그 남자 주인공은 오막 삼장에서 죽는다.)

And the third act is the resolution.

(그리고 세 번째 막이 해결이다.)

She needs to come back with a new second act.

(그녀는 새로운 제 이막을 준비해서 돌아와야 합니다.)

We especially enjoyed the third act of the play.

④의 예

Well, this is no circus act.

(자, 이것은 써커스 파트가 아니에요.)

The European circus act Zeophora is in town.

(유럽 서커스 파트 제포라가 소도시에 있다.)

This year numerous bands are playing, as well as comedy acts.

(올해에는 희극 파트는 물론 수많은 밴드들의 공연이 이루어지고 있다.)

He is very good at magic, but people are not interested in his magic act.

(그는 뛰어난 마술 실력을 갖고 있으나 사람들은 그의 마술 파트에 관심을 갖지 않는다.)

Finally, in desperation, he and a friend formed a nightclub comedy act.

⑤의 예

Is the girl part of the act?

(그 소녀는 공연자 그룹의 한 명인가요?)

They've got a very original act.

(그들은 아주 독창적인 공연자 그룹을 갖고 있다.)

Our next act is a very talented young musician.

(우리의 다음 공연자는 아주 재능 있는 젊은 음악가입니다.)

They were one of rock's most impressive live acts.

(그들은 가장 인상적인 라이브 공연을 펼친 록그룹 가운데 하나였다.)

Our next act is a young singer all the way form Dallas, Texas.

⑥의 예

I nabbed him in the act.

(나는 그를 현장에서 체포했다.)

He was caught in the very act.

(그는 바로 현행범으로[현장에서] 잡혔다.)

She was caught in the act of stealing.

(그녀는 도둑질하는 현장을 들켰다.)

He was caught in the act of stealing peaches.

(그는 복숭아를 훔치다가 현장에서 들켰다.)

I detected a young man in the act of stealing a watch.

(act가 동사로 쓰이는 경우)

①의 예

Stop acting like spoilt children!

(자꾸 버릇없는 아이들처럼 굴래!)

John's been acting very strangely lately.

(존의 행동이 최근에 상당히 이상했다.)

She was acting like she'd seen a ghost.

(그녀는 귀신이라도 본 것처럼 굴었다.)

She doesn't like people who act high and mighty.

(그녀는 거만하게 행동하는 사람들을 싫어한다.)

Stop acting like such a baby.

②의 예

I decided to act dumb.

(나는 벙어리인 것처럼 행동하기로 했다.)

You must act like a man and not a child.

(넌 아이처럼 행동하지 말고 남자답게 행동해야 돼.)

He didn't act like he was hiding anything.

(그는 뭔가를 숨기고 있는 것처럼 행동하지 않았다.)

He's been acting the devoted husband all day.

(그가 하루 종일 헌신적인 남편처럼 굴고 있는 중이다.)

The report says the officers acted professionally and responsibly.

③의 예

Who's acting Hamlet?

(햄릿 역은 누가 하지?)

Have you ever acted?

(너 연기해 본 적 있니?)

The play was well acted.

(그 연극은 연기가 좋았다.)

Most of the cast act well.

(출연진 대부분이 연기를 잘 한다.)

I can skip school and act.

④의 예

Can you act as interpreter?

(네가 통역 역할을 할 수 있니?)

They will act as my legal advisers if need be.

(필요하다면 그들은 내 법률 고문 역할을 할 것이다.)

The new tax laws should act as a stimulus to exports.

(그 새로운 세법이 수출에 자극제가 될 것이다.)

One of the men stood at the door to act as a lookout.

(그 남자들 가운데 한 명이 문에 서서 망을 보았다.)

Sex may act as a natural sedative and buffer against stress.

⑤의 예

The medicine acts on the heart.

(이 약은 심장에 효과가 있다.)

Alcohol acts quickly on the brain.

(알코올은 뇌에 빠르게 영향을 미친다.)

The sugar in the fruit acts as a preservative.

(과일 속에 있는 당분은 방부제로 작용한다.)

Don't expect the medicine to act immediately.

(그 약이 즉각 영향을 끼칠 것으로 기대하지 마세요.)

It takes a couple of minutes for the drug to act.

〈action의 경우〉

He is quick in action.

(그는 동작이 민첩하다.)

She began to explain her plan of action to the group.

(그녀가 사람들에게 자신의 행동 계획을 설명하기 시작했다.)

What is the best course of action in the circumstances?

(이런 상황에서 최선의 행동 방침은 무엇인가요?)

Firefighters took action immediately to stop the blaze spreading.

(소방관들이 불길이 번지는 것을 막기 위해 즉각 행동을 취했다.)

The time has come for action if these beautiful animals are to survive.

◈ action이 명사로 '(어떤 목적이나 문제 해결을 위한) 행동, 조치'란 뜻 이 외에 ① '(사람의) 동작[행위]', ② '소송, 법적 조치', ③ '전투, 작전', ④ '(이야기 속의) 사건', ⑤ '(영화 속의) 액션', ⑥ '작용, 영향', ⑦ '활동, 기능'과 ⑧ '(기계적) 작동, 동작'이란 뜻으로도 다양하게 쓰인다. action이 동사로 '확인 조치하다'라는 뜻으로 쓰인다.

(action이 명사로 쓰이는 경우)

①의 예

Necessity obliged him to that action.

(불가피한 사정으로 그는 그런 행동을 했다.)

Her quick action saved the child's life.

(그녀의 빠른 동작이 그 아이의 목숨을 구했다.)

This course of action is quite without precedent.

(이런 행동 방침은 전례가 없다.)

Each of us must take responsibility for our own actions.

(우리들 각자가 자기 행위에 대해 책임을 져야 한다.)

The child could not be held responsible for his actions.

②의 예

A judge awards damages in a civil action.

(판사는 민사소송에서 손해 배상금 판정을 내렸다.)

He will bring an action of libel against his boss.

(그는 그의 사장에 대하여 명예 훼손으로 고소할 것이다.)

He's considering taking legal action against the hospital.

(그는 그 병원을 상대로 법적 조치를 취할 것을 고려 중이다.)

A libel action is being brought against the magazine that published the article.

(그 글을 실은 잡지사를 상대로 명예훼손 소송이 진행 중이다.)

King decided to bring an action against the officers who beat him.

③의 예

Very few of them were killed in action.

(그들 가운데 극소수가 전사했다.)

Ethnic cleansing is part of military action.

(인종 청소는 군사작전의 일환이다.)

Security Council support for military action.

(유엔 안전 보장 이사회가 군사적 행위를 지원한다.)

He's found growing sentiment for military action.

(그는 군사 행동을 찬성하는 정서가 확산되고 있음을 발견했다.)

He was killed in action during the West Sea battle.

④의 예

The action takes place in France.

(그 사건은 프랑스에서 일어난다.)

The action takes place in a mountain village.

(그 사건은 어떤 산골 마을에서 일어난다.)

In *Hamlet*, the action takes place in Denmark.

(『햄릿』에서 사건은 덴마크에서 일어난다.)

That novel is full of action and quite readable.

(저 소설은 사건이 많고 꽤 읽기 쉽다.)

The action of the novel shifts from Paris to London.

⑤의 예

I like action and war movie.

(나는 액션 영화와 전쟁 영화를 좋아한다.)

I like films with plenty of action.

(나는 액션이 많은 영화가 좋다.)

New York is where the action is.

(그 액션이 벌어지는 곳은 뉴욕이다.)

The movie genre I like is fantasy or action.

(내가 좋아하는 영화 장르는 판타지나 액션이다.)

This action film is about a group of workers on an oil rig.

⑥의 예

This process is called 'capillary action'.

(이 현상은 '모세관 현상'이라고 한다.)

The earthquake follow after the volcanic action.

(지진은 화산활동 뒤에 일어났다.)

The term electronics refers to electrically induced action.

(전자라는 용어는 전기적으로 유도되는 작용을 가리킨다.)

The rock had been worn away by the action of the falling water.

(바위는 떨어지는 물의 작용으로 닳아져 버렸었다.)

They contain additives that cause the plastic to break down under the action of sunlight, temperature or mechanical stress

⑦의 예

The horse had a fine jumping action.

(그 말은 훌륭한 뛰어넘기 기능을 갖고 있었다.)

Today we'll study the action of the heart.

(오늘 우리는 심장의 활동을 공부할 것입니다.)

This action pushes food into the large intestine.

(이 활동으로 인해 음식물이 큰 창자로 들어간다.)

The third law states that for every action in nature there is an equal and opposite reaction.

(제 삼법칙은 모든 작용은 동일하면서 정반대의 작용이다.)

Her description of nature and action of poison is amazingly accurate.

⑧의 예

The photocopier is out of action today.

(그 복사기가 오늘은 작동이 안 된다.)

The clock's action needs to be adjusted.

(그 시계 작동이 조절될 필요가 있다.)

The storm put the telephones out of action.

(그 폭풍우는 그 전화기들을 작동이 안 되게 만들어버렸다.)

He found out he had put the machine out of action.

(그는 자신이 기계를 고장 낸 것을 알았다.)

My assistant will now demonstrate the machine in action.

(action이 동사로 쓰이는 경우)

Your request will be actioned.

(귀하의 요청에 대해서 확인 조치하겠습니다.)

Their words stung him to action.

(그들의 말에 자극받아 그는 행동을 취하였다.)

He prodded the lazy man to action by scoldings.

(그는 그 게으른 남자에게 야단을 쳐 대며 재촉했다.)

A lot of people were roused to action by the appeal.

2 choice와 decision의 쓰임새

choice는 '선택(하는 행동), 선택권, 선택 가능성, 선택 가능한 수[범위]'란 뜻으로 가능성의 범위에서 원하는 사람이나 사물을 선택하는 경우에 쓰인다. 그런데 decision은 '결정, 판단, 결단력'이란 뜻으로 특별히 무엇인가에 관해 주의깊게 생각한 후 판단을 내리는 경우에 쓰인다. 둘 다 자주 쓰이는 동사(common verb)는 make 즉, make a choice('선택하다')와 make a decision('결정[판단]을 내리다')이다. 그런데 영국영어의 경우 decision은 take a decision을 쓰기도 한다.

〈choice의 경우〉

He had no choice but to leave.

(그는 떠날 수밖에 달리 방법이 없었다.)

We are faced with a difficult choice.

(우리는 어려운 선택에 봉착해 있다.)

She's the obvious choice for the job.

(그 자리에는 그녀가 확실한 선택이다.)

The menu has a good choice of desserts.

(메뉴판에서 (선택 가능한) 여러 종류의 디저트들이 있다.)

There is a wide range of choices open to you.

(당신에게는 폭넓은 선택의 기회가 주어져 있습니다.)

If I had the choice, I would stop working tomorrow.

(내게 선택권이 있다면 내일이라도 일을 그만두겠다.)

Hawaii remains a popular choice for winter vacation travel.

(하와이는 여전히 겨울 휴가 여행지로 인기가 있는 선택지이다.)

We aim to help students make more informed career choices.

(우리는 학생들이 더 많은 정보를 갖고 진로를 선택할 수 있도록 돕고자 합니다.)

You might have been sorry about that, but it was your choice.

(그것을 후회하고 있을 지도 모르지만 그것은 네 자신이 선택한 것이다.)

Her parents are not happy about her choice of husband.

〈decision의 경우〉

The final decision is yours.

(최종 결정은 당신 몫이에요.)

The editor's decision is final.

(그 편집자의 결정은 최종적이다.)

We finally reached a decision.

(우리는 마침내 결정을 하기에 이르렀다.)

It's a difficult decision for any doctor.

(그것은 어느 의사에게나 힘든 결정이다.)

He said the decision was irrevocable.

(그는 그 결정은 번복할 수 없다고 말했다.)

We need a decision on this by next week.

(우리는 다음 주까지 이것에 대한 결정을 내려야 한다.)

I respect the president but I disagree with his decision.

(나는 대통령을 존경하지만 그의 결정에는 반대이다.)

Check out the lie of the land before you make a decision.

(당신이 결정을 내리기 전에 형세를 확인하세요.)

We must come to a decision about what to do next by tomorrow.

(다음에 무엇을 할 것인지 우리가 내일까지 결정을 보아야 한다.)

Although the job offer is attractive, I'd like more time to make a decision.

◈ choice와 decision에 쓰이는 자주 쓰이는 동사의 예

(choice의 경우)

Don't force me to make a choice.

(나에게 선택하라고 강요하지 마세요.)

He found it hard to make a choice.

(그는 선택하기 어렵다는 것을 알았다.)

Why don't you just make a choice right now?

(그냥 지금 선택하는 것이 어때요?)

Well, she had to make a choice between the law and music.

(decision의 경우)

He's really bad at making decisions.

(그는 결정을 내리는 일은 정말 못한다.)

She had to make a split-second decision.

(그녀는 눈 깜짝할 사이에 결정을 내려야 했다.)

Does the company finally make a decision?

(그 회사는 최종적으로 결정을 했는가?)

Sooner or later you will have to make a decision.

I don't think after taking a decision.

(나는 결정을 내린 후에는 생각하지 않는다.)

Who took the decision to go ahead with the project?

(그 프로젝트를 진행하자는 결정은 누가 내린 거죠?)

We took a decision that we thought was very difficult.

The ethics committee may take a decision to admonish him or to censur him.

(윤리 위원회는 그를 강력히 충고할 것인지 아니면 그를 견책할 것인지 결정을 내릴지 모른다.)

익힘문제 1

* 다음 글에서 틀린 부분이 있으면 고쳐 쓰세요.

1. It's available in a decision of colors.

2. They were expected to act themselves.

3. As always, Peter has a reason for his act.

4. He refused to accept responsibility for his acts.

5. I couldn't believe these people were acting in this way.

6. I am interested in the way people act towards each other.

7. In my new job I have to make a lot of important choices.

8. They had little decision but to agree to what he suggested.

9. I don't want to have the wrong decision and regret it later.

10. Please will you let us know your choice by the end of the month.

11. We're tired of talking about the problem—now is the time for act!

12. This year numerous bands are playing, as well as comedy actions.

13. Language interpretation is the whole point of the action of reading.

14. At lunch time, there's a decision between the buffet or the set menu.

15. He is very quick-thinking and very much a man of choice and action.

16. The government is taking emergency act to deal with a housing crisis.

17. In many societies children still marry someone of their parents' decision.

18. Two leading law firms are to prepare legal acts against tobacco companies.

19. Although he was only grumbling, his decision of words made Rodney angry.

20. Leaders in America have generally supported military act if it proves necessary.

21. It is time that human beings learned how to act properly, without killing each other.

22. What was needed, he said, was decisive act to halt what he called these savage crimes.

23. The growing pressures of the crisis may mean that the moment of choice can't be too delayed.

24. The president said he'd made no firm choice on whether he would run for a second term in office.

25. I have no reason to doubt that the bank behaved properly in the best interests of the depositors.

ANSWERS

1. It's available in a choice of colors. 2. They were expected to behave themselves. 3. As always, Peter has a reason for his action. 4. He refused to accept responsibility for his actions. 5. I couldn't believe these people were behaving in this way. 6. I am interested in the way people behave towards each other. 7. In my new job I have to make a lot of important decisions. 8. They had little choice but to agree to what he suggested. 9. I don't want to make the wrong decision and regret it later. 10. Please will you let us know your decision by the end of the month. 11. We're tired of talking about the problem—now is the time for action! 12. This year numerous bands are playing, as well as comedy actions. 13. Language interpretation is the whole point of the act of reading. 14. At lunch time, there's a choice between the buffet or the set menu. 15. He is very quick-thinking and very much a man of decision and action. 16. The government is taking emergency action to deal with a housing crisis. 17. In many societies children still marry someone of their parents' choice. 18. Two leading law firms are to prepare legal actions against tobacco companies. 19. Although he was only grumbling, his choice of words made Rodney angry. 20. Leaders in America have generally supported military action if it proves necessary. 21. It is time that human beings learned how to behave properly, without killing each other. 22. What was needed, he said, was decisive action to halt what he called these savage crimes. 23. The growing pressures of the crisis may mean that the moment of decision can't be too delayed. 24. The president said he'd made no firm decision on whether he would run for a second term in office. 25. I have no reason to doubt that the bank acted properly in the best interests of the depositors.

PART 3

형용사

1 continuous와 continual의 차이

2 able과 be capable of의 차이

3 accurate와 exact의 차이

4 careless와 carefree의 차이

5 historic과 historical의 차이

6 sensible과 sensitive의 차이

7 usual와 ordinary의 차이

8 alternate와 alternative의 차이

9 economic과 economical의 차이

1 continuous와 continual의 차이

continuous는 형용사로서 '계속되는, 지속적인, (선 같은 것이 끊어짐 없이) 계속 이어지는, (여러 번) 반복된[거듭된]'이란 뜻이다. 그리고 문법에서는 '진행(의)'라는 뜻으로 쓰인다. continual은 '(짜증스럽도록) 거듭[반복]되는, 끊임없는, 부단한'이란 뜻으로 명사 앞에 쓰이는 형용사이다. continuous는 중단이나 방해 없이 계속[반복]되거나 이어지는 경우 즉, 무엇이 끊임없이 계속됨을 나타낸다. continual은 오랜 기간에 걸쳐 반복해서 일어나는 경우에 쓰이는 데 특히 짜증스럽다고 경우에 쓰인다. 그러니까 continual은 보통 계속 반복되는 행동을 나타낸다. 가끔 둘 다 같은 뜻으로 쓰이는 경우도 있다. continuous의 부사는 continuously이고, continual의 부사는 continually이다.

continuous는 employment, flow, line, process, speech나 supply와 같은 명사와 흔히 쓰이고, continual은 change, fear, pain, problems, questions이나 updating과 같은 명사와 흔히 쓰인다.

〈continuous의 경우〉

The rain has been continuous since this morning.

(비가 오늘 아침부터 계속 내리고 있다.)

There was a continuous flow of traffic on the road.

(도로에 차량의 물결이 계속 이어졌다.)

For four days the town suffered continuous attacks.

(그 소도시는 나흘 동안 거듭 공격을 받았다.)

She was in a continuous employment until the age of sixty–five.

(그녀는 육십오 세까지 계속 직장생활을 했다.)

Our homes and offices need a continuous supply of electricity.

◈ 부사인 continuously는 '계속, 지속적으로, 반복되어[거듭되어]'라는 뜻으로 그 예들은 다음과 같다.

The mother was receiving phone calls continuously.

(그 어머니는 계속해서 전화를 받고 있는 중이었다.)

The civil war has raged almost continuously since 1976.

(내전은 1976년 이후로 거의 끊임없이 벌어졌다.)

The orientation of the planet's orbit is changing continuously.

(행성 궤도의 방향은 계속해서 바뀐다.)

The term of military service is continuously being decreased.

(군복무 기간이 지속적으로 줄고 있다.)

She has lived and worked in France almost continuously since 2003.

〈continual의 경우〉

We lived in a continual fear of being discovered.

(우리는 발각될까 봐 끊임없이 두려워하며 살았다.)

The school has been in continual use since 1883.

(그 학교는 천팔백팔십삼 년 부터 지속적으로 사용되어 왔다.)

Her daughter was a continual source of delight to her.

(그녀의 딸은 그녀에게 끊임없는 기쁨의 원천이었다.)

He was in a continual process of rewriting his materials.

(그는 집필 내용을 끊임없이 고쳐 쓰고 있는 중이었다.)

My mother's continual nagging drove me into running away from home.

◈ 부사인 continually는 '끊임없이, 부단히, 계속해서, 계속적으로'라는 뜻으로 그 예들은 다음과 같다.

They argue continually about the money.

(그들은 돈 문제로 끊임없이 싸운다.)

New products are continually being developed.

(신상품들이 끊임없이 개발되고 있다.)

The dog was continually barking during the night.

(개가 밤새 끊임없이 짖어댔다.)

The other kids continually taunted him about his size.

(다른 아이들이 그의 체격을 두고 그를 계속 놀렸다.)

She continually failed to gain promotion because of her sex.

2 able과 be capable of의 차이

able은 형용사로 '재능있는, 능력있는'이란 뜻도 있지만 주로 be 동사와 함께 쓰여 '…할 수 있는'이란 뜻이다. be capable of에서 capable은 '유능한'이란 뜻도 있지만 주로 be 동사와 함께 쓰여 '(능력·특질·자질상) …할 수 있는'이란 뜻이다. able to sth은 누군가가 어떤 것을 할 수 있고 그것을 한다면 특이하거나 놀랄만한 일이 아닌 경우에 쓴다. 그런데 capable of sth은 누군가가 어떤 것을 보통 하지 않지만 원하는 경우 그것을 하는 것이 가능한 경우에 쓴다. capable이 사물이나 물건과 함께 쓰이는 경우에는 '[A를] 할 수 있는, [A를] 받아들일 수 있는, [A의] 여지가 있는, [A가] 가능한'이란 뜻으로 쓰인다.

〈able의 경우〉

Will you be able to come?

(너 올 수 있겠니?)

A viral illness left her barely able to work.

(무슨 바이러스성 질환으로 그녀는 걸음도 간신히 걸을 수 잇을 정도가 되고 말았다.)

I don't think I'll be able to sleep at all tonight.

(내가 오늘밤 잠들 수 있을 거라고는 전혀 생각하지 않아.)

You must be able to speak French for this job.

(이 일을 하려면 프랑스어를 할 수 있어야 한다.)

The doctor said that after a few days I'd be able to get out of bed.

◈ able이 '재능있는, 능력있는'이란 뜻으로 쓰이는 경우

The able President devised simple but effective solutions.

(그 능력 있는 대통령은 간단하면서도 효과적인 해결책을 고안했다.)

It became clear that I hadn't been able to convince Mike.

(내가 마이크를 납득시키지 못했다는 사실이 명백해졌다.)

We aim to help the less able to society to lead an independent life.

(우리는 재능이 부족한 사회 구성원들이 독립적인 삶을 영위해 나갈 수 있도록 돕는 것을 목표로 한다.)

They are bright, intelligent, able and confident.

〈be capable of의 경우〉

He's quite capable of lying to get out of trouble.

(그는 곤경을 벗어나기 위해 능히 거짓말을 할 수 있는 사람이다.)

I'm perfectly capable of doing it myself, thank you.

(고맙지만 나 혼자서도 충분히 할 수 있어요.)

He was capable of killing a man with his bare hands.

(그는 맨손으로도 사람을 죽일 수 있는 자였다.)

He does not seem to be capable of learning from experience.

(그는 경험에서 배우는 능력이 없는 것 같다.)

Feminism argues that women are as capable as men in every circumstance.

◈ capable이 사물이나 물건과 함께 쓰이는 경우

This elevator is capable of carrying 30 people.

(이 엘리베이터에는 삼십 명이 탈 수 있다.)

This statement is capable of various interpretations.

(이 진술은 여러 가지 해석이 가능하다.)

The subject is one capable of almost indefinite expansion.

(그 문제는 거의 무한히 확대될 가능성이 있다.)

This material is believed to be capable of granting eternal life an perfect health to the owner.

(이 물질은 소유자에게 영원한 생명과 완전한 건강을 줄 수 있다고 믿어진다.)

The kitchen is capable of catering for several hundred people.

◈ capable이 '유능한'이란 뜻으로 쓰이는 경우

She's a very capable teacher.

(그녀는 아주 유능한 교사이다.)

I'll leave the organization in your capable hands.

(이 조직을 당신의 유능한 손에 맡기겠습니다.)

Many capable employees have stuck in the same job for years.

(많은 유능한 종업원들이 수년간 같은 일만 해 왔다.)

She's a very capable speaker.

◈ 그런데 지각 동사(feel, hear, see, smell, taste 등)나 사고[생각/인식] 동사(understand, decide, remember 등)의 경우에는 보통 can이나 can't를 쓴다.

I can't hear very well.

(나는 귀가 잘 안 들린다.)

I could smell alcohol on his breath.

(나는 그의 입에서 술 냄새가 나는 것을 알 수 있었다.)

She could feel a lump in her breast.

([본인이 만져보니] 그녀의 유방에서 혹이 만져졌다.)

She looked for him but couldn't see him in the crowd.

(그녀는 그를 찾았으나 사람들 속에서 그를 볼 수 없었다.)

You can't see colors at night.

I think I can smell something burning.

Annoyed commuters could only watch as the departure time ticked by.

I could never understand why she was fired.

(그녀가 왜 해고되었는지 나는 결코 이해할 수 없었다.)

I can't decide until I've heard both sides of the story.

(나는 양쪽 모두의 말을 들어보기 전에는 결정을 내릴 수가 없다.)

I can not believe he would be capable of doing such a thing.

(나는 그가 그런 일을 할 능력이 있을 거라고 믿을 수 없다.)

I can still vividly remember my grandfather teaching me to play cards.

(나는 할아버지께서 나에게 카드놀이를 가르쳐 주시던 것을 아직도 생생히 거억할 수 있다.)

I had a cold and couldn't decide whether to go to work or not.

I couldn't read or understand a word of Yiddish, so I asked him to translate.

그리고 can't/couldn't stop doing sth('…하는 것을 막다[그만두게 하다], 멈추게 하다')와 같은 구에는 주의를 기울일 필요가 있다.

I can't stop him from saying what he thinks.

(그가 자기 생각을 말하려는 것을 나로서는 막을 수가 없다.)

You can't stop people from saying what they think.

(사람들이 자기 생각을 말하는 것을 당신이 막을 수는 없다.)

You can usually stop hiccupping by eating a spoonful of sugar.

(설탕을 한 숟가락 먹으면 당신은 딸꾹질 하는 것을 멈추게 할 수 있습니다.)

He can't stop thinking about it.

The book was so fascinating I couldn't stop reading it.

◈ 법이나 규정에 의해 통제를 받는 행위에는 도우미동사[조동사] can('…할 수 있다) 이나 can't('…할 수 없다') 등이나 be (not) allowed to('허락되다, 용납되다(허락되지 않다, 용납되지 않다')를 쓴다.

We can't wear jeans at work.

(우리는 직장에서 청바지를 입으면 안 된다.)

He is not allowed to stay out late

(그는 늦은 귀가가 허락되지 않는다.)

In England, people can vote from the age of 18.

(영국에서는 열여덟 살이 되면 투표를 할 수 있어.)

I can't do it myself.

(나 혼자는 그걸 못하겠어요.)

The price is fixed so it can't be reduced.

(가격이 조정되어져서 깎을 수 없습니다.)

They shouldn't be allowed to get away with it.

(그들이 그것을 가지고 가도록 허락해선 안 된다.)

Now that they are both sixteen, they can get married..

The goalkeeper can touch the ball, but nobody else can.

Players should be allowed to earn money from advertising.

◈ enable은 '(사람에게) …을 할 수 있게 하다'와 '(무엇을) 가능하게 하다'라는 뜻으로 누군가로 하여금 무엇을 하도록 하는 경우(make someone able to do something)에 쓰인다. enable A to 부정사 형태를 취한다.

Good health enabled <u>him</u> to carry out the plan.

(건강했기 때문에 그는 그 계획을 수행할 수 있었다.)

The software enables you to access the Internet in seconds.

(이 소프트웨어를 쓰면 몇 초 이내에 인터넷 접속을 할 수 있다.)

Language enables people to communicate the most basic information.

(언어는 사람들이 가장 기본적인 정보를 주고받는 것을 가능하게 한다.)

This scheme is designed to enable young people to find work.

The new test should enable doctors to detect the disease early.

Insulin enables the body to use and store sugar.

(인슐린은 인체의 당 이용과 저장을 가능하게 한다.)

Enable this checkbox to change the font size settings.

(이 확인란을 활성화하여 글꼴 크기 설정을 변경하세요.)

You must enable this field to enable Activity Logging.

(당신은 이 필드에서 활동 기록을 사용 가능으로 설정해야 합니다.)

Spy satellites also enabled countries to keep an eye on their enemies.

This would enable the community to speak with one voice in world affairs.

3 accurate와 exact의 차이

accurate는 형용사로 '정확한'이란 뜻과 그 외에 '정밀한'과 '(목표물에) 명중하는, 정확한'이란 뜻으로 쓰인다. exact는 형용사로 '정확한, 정밀한'이란 뜻과 그 외에 '(사람들이) 꼼꼼한, 빈틈없는, (과학이) 정밀한'이란 뜻으로 쓰인다. 겉으로 보기에 별 차이가 없어 보인다. 그렇지만 accurate는 실수나 오류가 없이 말하거나 쓰인 어떤 것을 묘사하는 경우에 쓰인다. exact는 맞고[정확하고] 가능한 상세한 것을 의미하는 경우에 쓰인다.

〈accurate의 경우〉

Accurate records must be kept.

(정확한 기록을 해 놓아야 한다.)

The figure is accurate to two decimal places.

(그 수치는 소수점 이하 두 자리 수까지 정확하다.)

Price is not always an accurate marker of quality.

(가격이 반드시 품질의 정확한 표지가 되는 것은 아니다.)

The article is an accurate reflection of events that day.

(그 글은 그날 있은 사건들을 정확히 묘사한 것이다.)

Are you sure the bathroom scales are accurate?

The number is being considered the most accurate so far.

◈ accurate는 형용사로 '정확한'이란 뜻 외에 ① '정밀한'과 ② '(목표물에) 명중하는, 정확한'이란 뜻으로 쓰인다.

①의 예

So, how accurate is the machine?

(그렇다면 이 기계는 얼마나 정밀할까요?)

Do you have an accurate map for this area?

(당신은 이 지역의 정밀한 지도를 갖고 있습니까?)

Our method provides a much more accurate measure.

②의 예

The gunfire was fierce and accurate.

(사격은 맹렬했으며 명중했다.)

His throws were long, hard and accurate, as always.

(그의 투구는 항상 그렇듯이 길고, 세며, 명중률이 높았다.)

The pilots, however, were not as accurate as they should be.

〈exact의 경우〉

What were his exact words?

(그가 정확히 무슨 말을 했나?)

She gave an exact description of the attacker.

(그녀는 자기를 공격한 자를 정확히 묘사했다.)

She's in her mid–thirties—thirty–six to be exact.

(그녀는 나이가 삼십 대 중반, 정확히는 삼십육 세이다.)

We need to know the exact time the incident occurred.

(우리는 그 사건이 발생한 정확한 시간을 알 필요가 있다.)

The exact time is three minutes to seven.

He started to phone me at the exact moment I started to phone him.

◈ exact는 형용사로 '정확한, 정밀한'이란 뜻 이 외에 ① '(사람들이) 꼼꼼한, 빈틈없는', ② '(과학이) 정밀한'이란 뜻과 동사로 ③ '요구하다, 받아내다'와 ④ '(남에게 나쁜 일을) 가하다[일으키다]'라는 뜻으로도 쓰인다.

①의 예

Try to be less exact.

(좀 덜 꼼꼼하게 하세요.)

Her niche is this exact, exact thing.

(그녀에게 꼭 맞는 역할은 이 꼼꼼하고도, 꼼꼼한 것이다.)

Formal, exact and obstinate, he was also cold, suspicious, touchy and tactless.

②의 예

Assessing insurance risk can never be an exact science.

(보험의 위험도를 평가하는 것은 결코 정밀과학이 될 수 없다.)

Predicting the weather is not an exact science; people need to consider the fact that there is room for error.

(날씨 예보는 정밀 과학이 아니어서, 맞지 않을 수도 있다는 것을 고려해야 한다.)

Will there come a day when medicine is an exact science?

③의 예

She was determined to exact a promise from him.

(그녀는 그에게서 약속을 받아 내기로 단단히 마음을 먹었다.)

The law exacts severe penalties for not paying one's taxes.

(그 법률은 세금을 내지 않는데 대해 무거운 벌금을 요구한다.)

They, too, would be likely to exact a high price for their cooperation.

④의 예

Stress can exact a high price from workers.

(스트레스가 근로자들에게 큰 대가를 치르게 할 수도 있다.)

He exacted a terrible revenge for their treatment of him.

(그는 그들이 자신에게 한 대우에 대해 끔찍한 보복을 가했다.)

The leader exacted loyalty from his followers.

◈ exact가 들어가서 구로 쓰이는 것으로 to be exact('정확하게 말하자면') 가 있다.

It was April 10th, to be exact.

(정확히 말하자면, 사 월 십 일이었다.)

I am nearly 60, next April to be exact.

(나는 거의 육십 살이다, 정확히 내년 사 월에는.)

I consider myself to be a liberal democrat, or to be more exact, a democratic liberal.

◈ exacting은 '힘든, 까다로운'이란 뜻이다.

He was an exacting man to work for.

(그는 밑에서 일하기가 힘든 남자였다.)

Paul has been engaged in exacting labor.

(폴은 힘든 노동에 종사해왔다.)

It was a day of exacting and tiring work.

4 careless와 carefree의 차이

careless는 '부주의한, 조심성이 없는, 경솔한, ~에 전혀 개의치 않는, 무심한'이란 뜻이고, carefree는 '근심 걱정 없는, 속편한'이란 뜻이다. 따라서 careless의 말꼬리[접미사]에 있는 –less와 carefree의 말꼬리에 있는 -free가 같은 뜻처럼 보이지만 실제로는 다른 뜻을 갖고 있는 말꼬리이다.

〈careless의 경우〉

She gave a careless shrug.

(그녀는 무심하게 어깨를 한 번 으쓱 했다.)

He seemed careless of his own safety.

(그는 자기 자신의 안전은 전혀 개의치 않는 것 같았다.)

Don't be so careless about/with spelling.

(철자에 그렇게 부주의하면 안 된다.)

It was careless of me to leave the door open.

(문을 열어 놓다니 내가 조심성이 없었다.)

It was very careless of you to lose the documents.

He's a very careless driver; he never thinks about what he's doing.

〈carefree의 경우〉

He looked happy and carefree.

(그는 행복하고 근심 걱정이 없어 보였다.)

My daughter had a carefree school life.

(내 딸은 근심 없는 학교생활을 보냈다.)

It is a great thing to be fearless and carefree.

(두려움 없고 근심 없는 건 좋은 것이야.)

These men are anything but carefree and restful.

(이런 사람은 결코 속 편하고 평화로울 수 없다.)

After finishing our exams we all felt happy and carefree.

People always tend to look back on their childhood as a carefree time.

◈ 낱말 뒤에 free가 붙는 경우에 '…이 없는, …에서 풀려난; …을 면한'이란 뜻으로 쓰인다.

All of the recipes are wheat–free.

(모든 조리[요리]법에는 밀이 들어가지 않습니다.)

I want to have a smoke–free home!

(나는 집이 금연 지역이었으면 좋겠어!)

Can I get a meat–free meal please?

(고기가 안 들어간 식사를 주문할 수 있을까요?)

I am just glad this dessert is fat–free.

(나는 이 디저트가 무지방이라는 것이 맘에 들어요.)

What menu selection is NOT salt–free?

(어떤 메뉴에 소금이 들어 있는가?)

Ah, wouldn't a stress–free life be nice?

(스트레스가 없는 삶은 멋지지 않은가?

This is because donuts are trans–fat–free!

(이것은 트랜스지방이 없는 도넛이기 때문이에요!)

A safe, car–free bicycle lane will be built!

(안전하고, 차가 다니지 않는 자전거 전용 도로가 지어질 것입니다!)

These pants are made of wrinkle–free material.

(이 바지는 구김이 가지 않는 천으로 만들어졌다.)

These shrubs must have an acid, lime–free soil.

(이 관목들은 석회질이 없는 산성의 토양이 필요하다.)

Some cases of arthritis respond to a gluten–free diet.

(글루텐이 없는 식단에 차도를 보이는 관절염 환자들이 있다.)

That is why they recommend chewing sugar–free brands.

(그것이 바로 여러분이 껌을 씹어야만 한다면 무설탕 껌을 씹도록 권하는 이유예요.)

Please let us know if you want to see a duty–free catalog.

(면세물품 목록을 보고 싶으시면 저희한테 말씀해 주시기 바랍니다.)

For years of trouble–free service and to comply with warranty requirements, only authorized service centers should perform system maintenance and repairs.

(오랫동안 고장 없는 서비스를 위해, 그리고 애프터 서비스 계약에 의거하여 지정 서비스 센터에서만 정비와 수리를 받아야 합니다.)

Do they sell tax–free goods on board?

(기내에서 면세품을 판매하나요?)

We sell a range of gluten–free products.

(저희는 글루텐이 들어 있지 않은 다양한 제품을 판매합니다.)

You can also add apple sauce to a fat–free cottage cheese.

(여러분은 또한 사과 소스를 무지방의 희고 부드러운 치즈에 첨가할 수 있어요.)

Buying and selling stock tends to be trouble free.

The main basically lived on chewing gum, sugarfree jelly and water biscuits.

5 historic과 historical의 차이

historic은 '역사적으로 중요한, 역사에 남을 만한, 역사적인, 유사의'라는 뜻으로 1) 역사적으로 아주 중요한 경우나 2) 오랜 역사를 갖고 있는 경우에 쓰인다. 그러니까 historic은 보통 아주 중요하여 기념할만한 가치가 있을 것 같은 것에 대해 쓰인다. historical은 '역사적, 역사상의, 역사학의, (책·영화 등이) 역사와 관련된'이란 뜻으로 1) 사람들이 실제 살았거나 사건이 실제 일어났던 것에 관한 또는 근거를 둔 경우나 2) 역사상으로 연관되거나 발견된 경우에 쓰인다. 그러니까 historical은 보통 과거와 관련된 것, 역사 연구와 관련된 것 또는 과거에 실제 있었던 일을 나타낼 때 쓰인다. historical의 부사는 historically이다.

〈historic의 경우〉

The area is of special historic interest.

(그 지역은 역사적으로 특별히 흥미로운 곳이다.)

I think there is an historic enmity between them.

(나는 그들 사이에 어떤 해묵은 원한이 있다고 생각한다.)

His address has been a historic speech.

(그의 강연은 역사적인 연설이 되었다.)

Today is a historic occasion for our country.

(오늘은 우리나라에 있어서 역사적인 날이다.)

There are many museums and historic buildings in Ankara.

(앙카라에는 박물관과 역사적인 건물들이 많이 있습니다.)

The historic building is as much part of our heritage as the paintings.

(그 역사적 건물은 회화 작품들과 마찬가지로 우리 유산의 일부이다.)

The guide pointed out various historic monuments.

〈historical의 경우〉

Was Robin Hood a historical figure?

(로빈 후드가 (역사적으로) 실제 존재했던 인물인가요?)

The building is of historical importance.

(그 건물은 역사학 연구에 중요하다.)

I have been doing some historical research.

(나는 역사 관련 연구를 해 오고 있다.)

You must place these events in their historical context.

(이들 사건들은 그 역사상의 맥락에 두고 보아야 한다.)

This chapter concerns itself with the historical background.

(이 장(章)은 역사적 배경을 다루고 있다.)

He is writing a historical novel about nineteenth–century France.

◈ historically는 '역사학적으로, 역사상으로(보면), 역사적으로'라는 뜻으로 쓰인다.

The book is historically inaccurate.

(그 책은 역사학적으로 정확하지 않다.)

He was trying to be historically accurate.

(그는 역사적으로 정확하게 하려고 노력하고 있었다.

Historically, Istanbul has been a capital of many countries.

(역사적으로. 이스탄불은 많은 국가들의 수도였다.)

Historically, there has always been a great deal of rivalry between the two families.

(역사상으로 보면 그 두 가문 사이에는 항상 경쟁이 심했다.)

Historically, royal marriages have been cold, calculating affairs.

◈ 역사의 주제를 다루고 있는 책, 수업이나 박물관 등은 이어진 낱말(collocation)로 명사+명사로 연결되어 a history book/lesson/museum 등으로 쓰인다.

The art history class is already closed.

(미술사 수업이 벌써 마감되었어.)

I was so confused in today's history lesson.

(나는 오늘 역사 수업시간에 너무 혼란스러웠다.)

She has earned her place in the history books.

(그녀는 역사상 위대한 업적을 기록한 책에서 한 자리를 차지했다.)

It will be shown at London's Natural History Museum from April 25 to May 13.

(그것은 사 월 이십오 일부터 오 월 십삼 일까지 영국 자연사 박물관에 전시될 거예요.)

Our history teacher next term is Mr. Young.

Children have the right to speak with their parents in their mother tongue.

6 sensible과 sensitive의 차이

sensible과 sensitive는 sense의 두 가지 서로 다른 뜻과 관련이 있다. sensible은 ① '(사람이나 그의 행동이) 분별[양식] 있는, 합리적인', ② '(옷 등이) (멋있기보다는) 실용적인'과 ③ '…을[를] 의식하고(알고) 있는'라는 뜻이다. sensible은 올바른 판단을 내릴 수 있는 능력과 관련이 있는 경우에 쓰인다. 그러니까 이성에 바탕을 둔 훌륭한 결정을 해서 어리석거나 위험한 방식으로 결코 행동하지 않는 사람을 묘사할 때 많이 쓰인다. sensitive는 ① '(남의 기분을 헤아리는 데) 세심한', ② '(예술적으로) 감성 있는', ③ '(사람이) 예민한[민감한](그래서 상처를 받는)', ④ '(정보·주제 등이) 민감한[신중을 요하는]', ⑤ '(추위·빛·식품 등에) 민감한'과 ⑥ '(변화에) 민감한'이란 뜻으로 쓰인다. sensitive는 사물들에 얼마나 쉽게 반응을 보이는지, 또 사물들이나 다른 사람들을 얼마나 많이 의식하는지를 나타내는 경우에 쓰인다. 그러니까 쉽게 화를 내거나 기분이 상하는 사람을 묘사할 때 쓰이는 경우가 많다.

〈sensible의 경우〉

①의 뜻으로 쓰이는 예

She's a sensible sort of person.

(그녀는 합리적인 사람이다.)

I think that's a very sensible idea.

(나는 그것이 아주 양식 있는 생각이라고 본다.)

I think the sensible thing would be to take a taxi home.

(집까지 택시를 타고 가는 것이 분별 있는 일이라고 본다.)

I'm glad to see that she was sensible enough to bring some warm clothes.

②의 뜻으로 쓰이는 예

We need a sensible way forward.

(우리는 앞으로 실용적인 방법이 필요하다.)

That is basic, sensible business practice.

(그것은 기본적이고 실용적인 상관습이다.)

Wear loose clothing and sensible footwear.

(옷을 헐렁하게 입고 편한 신발을 신으세요.)

She wears a sweater, casual clothings and sensible shoes.

③의 뜻으로 쓰이는 예

But Joe is far too sensible for that.

(하지만 조는 그것보다는 너무 잘 알고 있어요[센스있어요].)

They've got to retain a more sensible position.

(좀 더 지각 있는 모습을 보여줘야 했던 거죠.)

I am deeply sensible of my indebtedness to Jim.

(짐에게 은혜를 입고 있다는 것을 나는 깊이 느낀다.)

I am sensible of the fact that mathematics is not a popular subject.

◈ sensible의 부사인 sensibly('양식있게, 합리적으로, 분별력 있게, 지각있게, 실용적으로')의 예는 다음과 같다.

Behave sensibly.

(지각 있게 행동해라.)

She's always very sensibly dressed.

(그녀는 항상 아주 실용적으로 옷을 입는다.)

It is impossible for her to behave sensibly about money.

(그녀가 돈을 슬기롭게 쓴다는 것은 불가능하다[그녀는 돈을 슬기롭게 쓸

줄 모른다].)

He decided, very sensibly, not to drive when he was so tired.

〈sensitive의 경우〉

①의 뜻으로 쓰이는 예

He's a considerate and sensitive man.

(그는 사려 깊고 세심한 사람이다.)

She is very sensitive to other's feelings.

(그 여자는 다른 사람의 기분을 잘 배려해 줘요.)

I think I'm just a little sensitive right now.

(지금 좀 내가 예민해져 있는 것 같아.)

She is very sensitive to other people's feelings.

②의 뜻으로 쓰이는 예

Cucumbers are more sensitive to music than cabbages.

(오이는 양배추보다 음악에 더 민감하다.)

Longinus provides a sensitive reading of Sappho's poem.

(롱기누스는 사포의 시에 대해 감성 있는 시 읽기를 한다.)

The result is a beautifully sensitive portrait of our house.

(그 결과는 우리 집에 대한 멋지게 감성 있는 초상화이다.)

It was to take gorgeous, glamorous and sensitive portraits of her.

③의 뜻으로 쓰이는 예

You're far too sensitive.

(너는 너무 예민해.)

She's very sensitive to criticism.

(그녀는 비판에 아주 민감하다.)

He's very sensitive about his weight.

(그는 자기 몸무게에 대해 아주 예민하다.)

This movie may upset a sensitive child.

④의 뜻으로 쓰이는 예

I know this is a sensitive subject.

(저는 이것이 민감한 주제라는 걸 알아요.)

Health care is a politically sensitive issue.

(보건 문제는 정치적으로 민감한 쟁점이다.)

The third area concerns a sensitive but important issue.

(세 번째 영역은 민감하지만 중요한 문제에 관한 것이다.)

She is skilled at achieving consensus on sensitive issues.

⑤의 뜻으로 쓰이는 예

I am sensitive to the heat.

(나는 더위에 민감하다.)

She is unusually sensitive to the cold.

(그녀는 남달리 추위를 탄다.)

My teeth are very sensitive to cold food.

(내 치아는 찬 음식에 아주 민감하다.)

Sommeliers have a very sensitive palate to taste wines.

⑥의 뜻으로 쓰이는 예

Frogs are very sensitive to the environment.

(개구리들은 환경에 매우 민감하다.)

The Stock Exchange is very sensitive to political change.

(증권 거래소는 정치적인 변화에 아주 민감하다.)

In fact, clarinet is an extremely sensitive instrument that is hard to control.

(사실, 클라리넷은 조절하기 어려운 대단히 민감한 악기이다.)

Sensitive instruments like computers and monitors will be affected in an entire room.

◈ sensitive의 부사인 sensitively('세심하게, 섬세하게, 민감하게, 예민하게')의 예는 다음과 같다.

He writes sensitively.

(그는 글을 섬세하게 쓴다.)

She handled the matter sensitively.

(그녀는 그 문제를 세심하게 다루었다.)

The abuse of women needs to be treated seriously and sensitively.

(여성 학대 문제는 진지하고 세심하게 다루어져야 한다.)

According to the researchers, obese people react more sensitively to the lack of glucose.

◈ sensitive의 명사인 sensitivity는 '(남의 기분을 헤아리는 데) 세심함, (예술적) 감상, (사람이) 예민함[민감함] (그래서 상처를 잘 받음), (정보·주제 등의) 민감성, (식품·추위·빛 등에 대한) 민감성, (작은 변화에 대한) 민감도, 감도')의 예는 다음과 같다. sensitivity는 이와 같이 다양한 뜻으로 쓰이지만, 주로 다른 사람들의 감정이나 문제들을 이해하는 능력에 많이 쓰인다.

She played with great sensitivity.

(그녀는 대단히 감성있게 연주를 했다.)

He's a mixture of anger and sensitivity.

(그는 분노와 예민함의 혼합체이다.)

Some children develop a sensitivity to cow's milk.

(일부 아동들은 우유에 대해 민감성이 생기기도 한다.)

Confidentiality is important because of the sensitivity of the information.

(그 정보의 민감성 때문에 기밀 유지가 중요하다.)

She pointed out with tact and sensitivity exactly where he had gone wrong.

(그녀는 재치있고 세심하게 그가 어디에서 잘못했는지를 지적해 주었다.)

The eyes of some fish have a greater sensitivity to light than ours do.

7 usual와 ordinary의 차이

usual은 '흔히 하는[있는], 평상시의, 보통의'(=normal)라는 뜻으로 보통 사용되거나 보이거나 행해지는 등인 경우에 쓰인다. ordinary는 '보통의, 일상적인'이란 뜻으로 어떤 특별한 특징이나 자질이 없는 경우에 쓰인다.

〈usual의 경우〉

He came home later than usual.

(그는 평상시보다 더 늦게 귀가했다.)

She made all the usual excuses.

(그녀는 흔히 하는 온갖 변명들을 늘어 놓았다.)

She sat in her usual seat at the back.

(그녀는 자기가 평상시에 앉는 뒤쪽 좌석에 앉아 있었다.)

He didn't sound like his usual happy self.

(그는 말소리가 평상시의 행복한 그답지 않았다.)

It is usual to start a speech by thanking everybody for coming.

(모든 사람들에게 참석해 주어서 고맙다는 인사를 하는 것으로 연설을 시작하는 것이 보통이다.)

He was speaking in his usual calm tone.

◈ it's usual/unusual (for sb) to do sth의('(누가) 무엇을 하는 것은 흔히 있다[흔하다, 보통이다]/흔치 않다[드물다, 드물다, 색다르다]') 형식으로 쓰이지만 it's usual/unusual that의 형식으로는 쓰이지 않는다.

Is it usual to get warning in advance?

(미리 경고를 받는 게 보통 있는 일입니까?)

It is usual to tip the steward who looks after you.

(당신을 맡은 종업원에게 팁을 주는 것은 일상적이다.)

Is it usual for him to be so late?

(그는 보통 그렇게 늦습니까?)

It is not usual for young people to seek solitude.

(청년들이 고독을 찾는 것은 보통이 아니다.)

It is usual to feel hunger during exercise.

It's usual for the man to propose marriage.

It's unusual for the trees to flower so early.

(그 나무들이 그렇게 일찍 꽃을 피우는 것은 흔치 않다.)

It's not unusual for him to foul out of the game.

(그가 반칙을 범해 경기에서 퇴장당하는 건 드문 일은 아닙니다.)

It's not unusual for young doctors to work a 70-hour week.

(젊은 의사들이 한 주에 칠십 시간 근무를 하는 것이 드물지 않다.)

It's very unusual to see these flowers at this time of the year.

◈ as usual은 '늘 그렇듯이[평상시처럼]'이란 뜻으로 쓰인다.

Steve, as usual, was the last to arrive.

(늘 그렇듯이 스티브가 제일 늦게 도착했다.)

As usual at that hour, the place was deserted.

(그 시간이면 늘 그렇듯 그 장소에는 사람이 아무도 없었다.)

Despite her problems, she carried on working as usual.

(그녀는 자신의 문제들에도 불구하고 평상시처럼 일을 계속했다.)

For the time being it's business as usual for consumers.

〈ordinary의 경우〉

This was no ordinary meeting.

(이것은 일상적인 회의가 아니었다.)

The bonds are convertible into ordinary shares.

(그 채권은 일반 주식으로 전환할 수 있다.)

It has 25 calories less than ordinary ice cream.

(그것은 칼로리 함유량이 보통 아이스크림보다 이십오 칼로리가 적다.)

The government is trampling on the views of ordinary people.

(정부가 보통 사람들의 견해를 짓밟고 있다.)

The assets were disposed of or consumed in the ordinary course of business.

(보통의 사업 절차에서 자산들이 처분되거나 소비된다.)

From the moment I met her, I knew she was no ordinary kind of girl.

◈ in the ordinary는 '보통 때에는[통상적으로는]'이란 뜻으로, out of the ordinary는 '특이한[색다른]'이란 뜻으로 쓰인다.

Members should vote in the ordinary way.

(회원들은 통상적으로는 투표를 해야 한다.)

In the ordinary way, she's not a nervous person.

(보통 때에는 그녀가 신경질인 사람이 아니다.)

The hospital will open in the ordinary way as an NHS hospital.

(그 병원은 통상적으로는 엔에이치에스[국가 보건 서비스] 병원으로 개원할 것이다.)

They need to be notified to the European Union in the ordinary way.

The boy's knowledge was out of the ordinary.

(그 소년의 지식은 남달랐다.)

Did you happen to notice anyone out of the ordinary?

(당신은 혹시 특이한 누군가를 알아본 적이 있습니까?)

I'm looking for something a little more out of the ordinary.

(난 뭔가 좀 더 색다른 것을 찾고 있다.)

Just let's do something out of the ordinary once in a while.

8 alternate와 alternative의 차이

alternate는 형용사로 '(두 가지 일·것이) 번갈아 생기는[나오는], 하나 거르는'이란 뜻이다. 형용사 이 외에 동사로도 쓰인다. alternate는 첫 번째 것 다음에 다음 번 것이 순서대로 일어나는 경우와 격일이나 격주 등으로 일어나는 경우에 쓰인다. alternative는 형용사로 '대체 가능한, 대안이 되는, 대안적인, 대체의[전통적인 방식과 다른]'이란 뜻이다. 이 외에 명사로도 쓰인다. alternative는 보통[평상시의] 것 또는 사용하기 위해 계획했었던 것 대신에 사용되어질 수 있도록 하는 경우에 쓰인다. 그런데 미국영어에서는 alternative 대신에 alternate가 쓰인다.

〈alternate의 경우〉

They supply water on alternate days.

(그들은 격일제로 물을 공급한다.)

John has to work on alternate Sundays.

(존은 한 주 걸러 일요일마다 일[근무]을 해야 한다.)

They were streaked with alternate bands of color.

(그것들은 색줄이 번갈아 그어진 줄무늬가 있었다.)

Cream was available only on alternate Wednesdays.

(크림은 격주로 수요일에만 구할 수 있었다.)

Lesley had agreed to Jim going skiing in alternate years.

(레슬리는 짐이 이 년마다 한 번씩 스키 타러 가는 데 동의했었다.)

Our local football team plays at home on alternate Saturdays.

◈ alternate가 동사로 쓰이는 경우에는 '(A와 B가 계속 하나씩) 번갈아 나오게 만들다, 사물들·사람들이)(계속) 번갈아 (하나씩 섞여) 나오다'와 alternate between A and B라는 모양으로 '계속 A하다 B하다[계속 A와 B 사

이를 오가다]'라는 뜻으로 쓰인다. 그리고 alternate가 명사로 쓰이는 경우에는 '(임시) 대체 요원'이란 뜻으로 쓰인다.

Alternate cubes of meat and slices of red pepper.

(고기 조각과 붉은 피망 조각을 번갈아 끼워라.)

A good teacher has to alternate kindness with severity.

(좋은 선생님은 번갈아 친절하게도 엄하게도 해야 한다.)

Now you just alternate layers of that mixture and eggplant.

(자, 이제 그냥 그 반죽을 번갈아 가며 한 켜 놓고, 가지 한 켜 놓고 하세요.)

We would alternate art and music.

Dark stripes alternate with pale one.

(짙은 줄무늬가 옅은 색 줄무늬와 번갈아 가며 나온다[섞여 있다].)

Happiness and sadness alternate in our lives.

(행복과 슬픔은 우리 인생에 번갈아 온다.)

These days, they alternate art, music, and PE.

(오늘날, 그들은 미술, 음악, 체육을 번갈아 나오게 한다.)

Elms and maples alternate on the south side of Main Street.

Her mood alternated between happiness and despair.

(그녀의 기분은 계속 행복감과 절망감 사이를 오갔다.)

Tomorrow's weather will be variable, alternating between showers and sunshine.

(내일 날씨는 변덕스러워서, 소나기와 햇빛이 번갈아 나올 것입니다.)

Alternate between aerobic activities and strength/endurance activities to maintain desired intensity level.

(바람직한 강도를 유지하기 위해 유산소 운동과 힘/지구력 운동을 번갈아

하세요.)

The Sun operates on an 11-year cycle, alternating between active and quiet periods.

◈ alternate의 부사는 alternately('번갈아 가며, 번갈아, 교대로, 엇갈리게') 이다.

He felt alternately hot and cold.

(그는 번갈아 가며 더웠다 추웠다 했다.)

He could alternately bully and charm people.

(그는 사람들을 위협했다 홀렸다 할 수 있었다.)

Mix dry ingredients and add alternately with milk.

(마른 재료들을 섞고 우유와 번갈아가면서 넣어주세요.)

The play is alternately sad and happy.

〈alternative의 경우〉

Do you have an alternative solution?

(대안이 될 다른 해결책이 있나요?)

Alternative energy sources are vital for our future.

(대체 에너지 원천들은 우리들의 미래를 위해 필수적이다.)

Alternative medicine has been gaining credence recently.

(최근 들어 대체 의학이 (사람들의) 신뢰를 얻어 가고 있다.)

The bottom line is that we need alternative fuel, hydrogen fuel.

(핵심은 우리가 대체 에너지인 수소 에너지가 필요하다는 거야.)

In the consciousness of some, homosexuality is an acceptable alternative lifestyle.

(몇몇 사람들의 의식 속에서, 동성애는 받아들일 수 있는 또 다른 생활양식 이다.)

He was a central part of the alternative comedy circuit in the early Eighties.

◈ alternative가 명사로 쓰이는 경우에는 '대안, 선택 가능한 것'이란 뜻으로 쓰인다.

We had no alternative but to fire Gibson.

(우리는 깁슨을 해고할 밖에 다른 대안이 없었다.)

There is a vegetarian alternative on the menu every day.

(매일 메뉴에는 채식주의자들이 선택할 수 있는 요리가 나온다.)

You can be paid in cash weekly or by cheque monthly; those are the two alternative.

(당신은 급료를 매주 현금으로 받을 수도 있고 매달 수표로 받을 수도 있다. 그 두 가지 가운데 선택할 수 있다.)

My proposal is in many ways a better alternative.

◈ alternative의 부사는 alternatively('그 대신에, 그렇지 않으면[둘째 대안을 소개할 때 씀]')이다.

Alternatively, in a large pot, cover beans with water and bring to a boil.

(그렇지 않으면 큰 냄비에 콩과 물을 넣고 삶아라.)

Alternatively, beans may just be soaked over night in cold water after washing.

(그렇지 않으면, 콩은 씻은 후 차가운 물속에서 밤사이 흠뻑 젖게 됩니다.)

The agency will make travel arrangements for you. Alternatively, you can organize your own transport.

(여행사가 이동을 위한 준비를 해 드릴 수 있습니다. 그렇지 않으면 당신이 직접 교통 수단을 알아 보셔도 됩니다.)

Alternatively, it may grant an absolute discharge.

9 economic과 economical의 차이

economic은 형용사로 '경제의, (사업·활동 등이) 경제성이 있는, 채산이 맞는'이란 뜻이다. 그리고 economical은 형용사로 '경제적인, 실속 있는, 알뜰한, 딱 필요한 만큼만 쓰는, (돈을) 절약하는[아끼는]'이란 뜻이다. economic은 한 개의 국가나 지역의 경제와 관련된 것을 의미한다. 그런데 economical은 무언가가 비슷한 어떤 것 보다 사용하거나 작동하기에 가격이 싼 어떤 것을 나타낸다. economic과 economical의 부사는 economically('경제의 측면에서, 경제적으로, 경제적으로, 효율적으로, 알뜰하게, 간결하게')이다.

〈economic의 경우〉

It was neither effective nor economic.

(그것은 효율적이지도 않고 경제적이지도 않았다[채산도 맞지 않았다].)

Last year, economic growth tailed off to below four percent.

(작년 경제 성장률은 계속 감소해서 사 퍼센트 미만에서 한 해를 마쳤다.)

He is having economic difficulties because he's out of work.

(그는 직업이 없기 때문에 경제적으로 어려움에 처해 있다.)

The talks will focus on economic development of the region.

(회담의 초점은 그 지역의 경제 개발에 맞춰질 것이다.)

The government will be free to pursue its economic policies.

(그 정부는 경제 정책을 자유롭게 수행할 것이다.)

The country's economic growth is considered to be too slow.

〈economical의 경우〉

She is a really economical housewife.

(그녀는 정말로 알뜰한 주부이다.)

He was economical in all areas of his life.

(그는 생활 전반에 걸쳐 절약을 했다.)

It would be more economical to buy the bigger size.

(큰 것을 사는 것이 더 경제적일 것이다.)

Compact car is more economical in these hard times.

(요즘같이 어려울 때는 소형차가 더욱 경제적이다.)

It is usually economical to buy washing power in large quantities.

(분말 세재를 대량[양이 큰 것]으로 사는 것이 더 경제적이다.)

Many scientists have striven for an economical future energy source.

〈economically의 경우〉

She writes elegantly and economically.

(그녀는 글을 우아하고 간결하게 쓴다.)

I'll do the job as economically as possible.

(나는 그 일을 가능한 한 효율적으로 할 것이다.)

The factory is no longer economically viable.

(그 공장은 더 이상 경제적으로 성공 가능성이 없다.)

Economically, the center of Spain has lost its dominant role.

(경제의 측면에서 볼 때, 스페인 중부는 지배적인 역할을 상실했다.)

The design is intended to use space as economically as possible.

(그 디자인은 공간을 가능한 한 알뜰하게 쓰도록 만든 것이다.)

Burn's novel, vividly and economically written, is a sombre reflection on fame and its cost.

(생생하고 간결하게 쓰여진 번즈의 소설은 명성과 그 희생에 대한 침울한 반영이다.)

It is not economically feasible for them to do so.

We did the printing as economically as we could possibly make it.

The average domestic heating system could be run much more economically.

◈ economics는 '경제학, (어떤 산업 분야·사회의) 자본 환경[조건]'이란 뜻으로 한 개의 국가 내에서 어떻게 돈이 벌리고 지출되고 통제되는 지에 대한 연구이거나 어떤 것의 재정 양상에 대한 연구를 일컫는다.

He studied politics and economics at Yale.

(그는 예일대에서 정치학과 경제학을 공부했다.)

She majored[specialized] in economics in college.

(그녀는 대학에서 경제학을 전공했다.)

The economics of the project are very encouraging.

(그 사업의 자본 조건은 아주 고무적이다.)

They wanted to initiate a discussion on economics.

(그들은 경제에 대한 토론을 먼저 시작하고 싶어 했다.)

He's now in his second year at Oxford, studying economics.

◈ economist는 '경제학자, 경제 전문가'라는 뜻으로 경제 분야에서의 전문가를 일컫는다.

Arroyo is an economist and hails from the political elite.

(아로요는 경제학자이자 정치 명문가 출신입니다.)

He was a journalist, economist, mathematician and author.

(그는 저널리스트, 경제학자, 수학자, 그리고 작가였다.)

The economist played Cassandra about the nation's economy.

(그 경제학자는 나라 경제에 대해 예측했다.)

Economists remain undecided about what action should be taken.

◈ economy는 '경기, 경제, (경제 주체로서의) 국가, 절약, 아끼기'라는 뜻으로 ① 한 개의 국가에 존재하는 재정이나 경제 체계, ② 돈이 소비되고 있는 양을 줄이는 방법과 ③ 수식어인 형용사로 주로 사용되는 '돈을 덜 쓰게 하는[아낄 수 있는]'(money-saving)을 의미한다.

①의 예

The economy is in recession.

(경기가 일시적인 불황을 맞고 있다.)

Our economy is again showing signs of recovery.

(우리 경제는 다시 회복의 조짐을 보이고 있는 중이다.)

Competition is the most important thing in a market economy.

(경쟁이란 시장경제에서 아주 중요한 것이다.)

Ireland was one of the fastest growing economies in Western Europe in the 1990s.

(아일랜드는 천구백구십 년대에 서구 유럽에서 가장 성장이 빠른 국가 가운데 하나였다.)

The government's management of the economy has been severely criticized.

②의 예

We need to make substantial economies.

(우리는 대폭적인 절약을 할 필요가 있다.)

It's a false economy to buy cheap clothes.

(값싼 옷을 사는 것은 엉터리 절약이다.)

She writes with a great economy of words.

(그녀는 단어를 대단히 아끼며 글을 쓴다.)

Wealth flows from industry and economy.

(부(富)는 근면과 절약에서 생긴다.)

The first economy to be introduced by the new government involved the reduction of fuel consumption.

③의 예

Buy the large economy pack!

(큰 절약형 포장 품목으로 사세요!)

We're on an economy drive at home.

(우리는 집에서 절약 운동 중이다.)

Price includes an economy car plus insurance.

(가격은 절약형 소형차[경차]와 보험을 포함합니다.)

Will you be travelling economy class or business class?

(당신은 일반석으로 하시겠습니까 이등석으로 하시겠습니까?)

Buy the giant economy size and save money!

익힘문제 1

* 다음 글에서 틀린 부분이 있으면 고쳐 쓰세요.

1. He likes reading historic books.

2. She likes reading historic novels.

3. We weren't able to stop laughing.

4. One man is able to destroy the whole world.

5. Travelling around Spain is easy and economic.

6. The Brazilian economics seem to be improving.

7. The canals join to form one continual waterway.

8. I felt terribly annoyed by his lack of sensibility.

9. In Finland it's usual that women go out to work.

10. The main aim is to develop the country's economic.

11. I cannot give you the accurate date of my arrival yet.

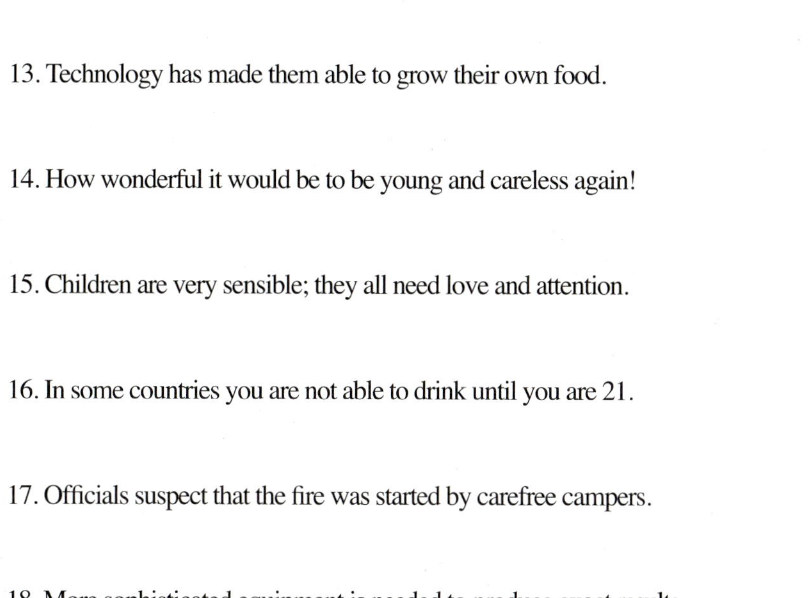

12. A line of cars stretched continually down the motorway.

13. Technology has made them able to grow their own food.

14. How wonderful it would be to be young and careless again!

15. Children are very sensible; they all need love and attention.

16. In some countries you are not able to drink until you are 21.

17. Officials suspect that the fire was started by carefree campers.

18. More sophisticated equipment is needed to produce exact results.

19. We shall be taking you to see several interesting historical places.

20. I thought it was just a usual parcel but then it began to move across the table.

21. We decided to make alternate arrangements in case the hotel was fully booked.

22. The economical crisis was caused by a sudden increase in the size of the population.

23. There are so many places to visit in London that I'm not able to decide where to go.

24. The continuous news reports about the economy have scared many manufacturers.

25. In Sweden many wives and husbands stay at home alternatively to look after their children.

ANSWERS

1. He likes reading history books. 2. She likes reading historical novels. 3. We couldn't stop laughing. 4. One man is capable of destroying the whole world. 5. Travelling around Spain is easy and inexpensive. 6. The Brazilian economy seem to be improving. 7. The canals join to form one continuous waterway. 8. I felt terribly annoyed by his lack of sensitivity. 9. In Finland it's usual for women go out to work. 10. The main aim is to develop the country's economy. 11. I cannot give you the exact date of my arrival yet.

12. A line of cars stretched continuously down the motorway. 13. Technology has enabled them to grow their own food. 14. How wonderful it would be to be young and carefree again! 15. Children are very sensitive; they all need love and attention. 16. In some countries you can't drink until you are 21. 17. Officials suspect that the fire was started by careless campers. 18. More sophisticated equipment is needed to produce accurate results. 19. We shall be taking you to see several interesting historic places. 20. I thought it was just a ordinary parcel but then it began to move across the table. 21. We decided to make alternative arrangements in case the hotel was fully booked. 22. The economic crisis was caused by a sudden increase in the size of the population. 23. There are so many places to visit in London that I can't decide where to go. 24. he continual news reports about the economy have scared many manufacturers. 25. In Sweden many wives and husbands stay at home alternately to look after their children.

PART 4

부사

1 firstly와 at first의 차이

firstly는 '(여러 가지를 나열할 때) 첫째로[맨 먼저]'라는 뜻이다. firstly는 목록이나 (사건·행동 등의) 순서[차례]에서 첫째 항목을 소개할 때(to introduce the first item in a list of sequence) 또는 일련의 사실들, 이유들, 의견들 등을 도입할 때 쓴다. at first는 '처음에는'이란 뜻이다. 겉으로 보기에 같은 뜻처럼 보이지만 그 쓰임새는 다르다. at first는 나중의 상황과 대조적인 상황을 소개할 때(to introduce a situation which is in contrast with a later situation[after a change has taken place])나 어떤 시기의 첫 부분과 관련된 상황에 대해 특히 나중에 달라진 상황과 대조해서 말할 때 쓴다. firstly는 first('우선, 맨 먼저, (여러 가지를 나열할 때) 첫째(로)', first of all('우선[다른 무엇보다 먼저], (중요도에 있어서) 가장 먼저'라는 것으로 바꿔 쓸 수 있다.

〈firstly의 경우〉

Firstly, I have no money, secondly it's far away.

(첫째로 나는 돈이 없고, 두 번째로 거긴 너무 멀다.)

There are two reasons for this decision: firstly ....

(이런 결정을 내린 데는 두 가지 이유가 있다. 첫째 ....)

Firstly, who are our main competitors in these areas?

(우선, 이 지역 내에서 우리의 주된 경쟁자는 누구입니까?)

Firstly, I am so sorry for not being on here for ages.

(맨 먼저, 오랫동안 여기에 오지 못해 대단히 죄송합니다.)

Firstly, this car looks awful, and secondly, it's unreliable.

Firstly, I would like to thank everyone who has contributed to this project.

◈ 〈first의 경우〉와 〈first of all의 경우〉

Who came first in the race?

(그 경주에서 누가 맨 먼저 들어 왔니?)

First I had to decide what to wear.

(우선 나는 무엇을 입을 지부터 결정해야 했다.)

First, I want to explain the purpose of this meeting.

First of all, let me ask you something.

(우선, 질문이 있어요.)

The content of any article needs, first of all, to be relevant to the reader.

(어떤 글이든 가장 먼저 그 내용이 독자와 관련이 있어야 한다.)

First of all, we'd better make sure we have everything we need.

〈at first의 경우〉

I didn't like the job much at first.

(나는 처음에는 이 일[직장]이 별로 마음에 들지 않았다.)

If at first you don't succeed, try, try again.

(만약 처음에 성공하지 못하더라도 다시 해 보고 또 해 보아야 한다.)

* 이것은 속담이다.

Maggie had seen him nearly every day at first. Now she saw him much less.

(매기가 처음에는 그를 거의 매일 만났었다. 하지만 이제는 그녀는 그를 훨씬 덜 만나고 있다.)

At first I thought he was shy, but then I discovered he was just not interested in other people.

(처음에는 그가 수줍음이 많을 거라고 생각했는데, 나중에 보니 그는 그저 다른 사람들에게 관심이 없었다.)

At first he wouldn't even talk about it.

Shall we fill in the forms first, and get that out of the way?

2 afterwards의 쓰임새

afterwards는 '나중에, 그 뒤에'라는 뜻으로 마지막 것이 끝나자마자 곧 다음 것이 일어는 것을 제시한다.(to suggest that the next thing happens as soon as the last thing has finished) 그런데 미국영어에서는 afterward가 주로 쓰인다.

그리고 later on은 '나중에, (지금 이야기중인 시간보다) 후[뒤]에'라는 뜻으로 두 행동과 사건들 사이에 긴 간격이나 연장이 있을 때 쓰인다.

그런데 과정 중 또는 일련의 행위에서 다음 행위를 도입하기 위한 경우에는 then('그 다음에, 그리고는, 그러더니')을 쓴다.

〈afterwards의 경우〉

Let's go out now and eat afterwards.

(지금은 외출하고 식사는 나중에 하자.)

Shortly afterwards he met her again.

(얼마 지나지 않아 그는 그녀를 다시 만났다.)

Afterwards she was sorry for what she'd said.

(그녀는 나중에 자기가 한 말을 후회했다.)

Suffice it to say that afterwards we never met again.

(우리 앞으로는 절대 다시 만나는 일이 없을 것이라는 정도로만 말하겠다.)

We all had lunch together at one o'clock. Afterwards we went to the beach.

On Saturday morning I went to see Adrian in hospital. Afterwards I drove into town to do some shopping.

〈later on의 경우〉

I'm going out later on.

(난 나중에 외출할 거야.)

I will tell you further details later on.

(더 자세한 것은 저가 나중에 말씀 드리겠습니다.)

Later on I learned how to read music.

(그 후로 나는 악보 읽는 법을 배웠다.)

Much later on, she realized what he had meant.

(그 보다 훨씬 뒤에 그녀는 그가 의미한 바를 깨달았다,)

This is only going to cause me more problems later on.

I couldn't understand why she hadn't answered m. letters. Later on I discovered that she had moved to a new address.

〈then의 경우〉

First cook the onions, then add the mushrooms.

(먼저 양파를 조리하고 그 다음에 버섯을 넣어라.)

Look through the viewer then adjust your focus.

(뷰어를 통해 보시고 초점을 맞추세요.)

He drank a glass of whisky, then another and another.

(그는 위스키를 한 잔 마셨다. 그리고는 또 한 잔 그 다음에 또 한 잔을.)

We lived in France and then Italy before coming back to England.

(우리는 프랑스에 살다가 그 다음에는 영국으로 돌아오기 전에 이탈리아에서 살았다.)

Add the oil and then the scallops to the pan, leaving a little space for the farlic.

New mothers have been observed to touch the feet and hands first, then the body, and then the baby's face.

◈ then이 '그 다음에, 그리고는, 그러더니' 이 외의 '그때, (논리적인 결과를 나타내어) 그러면[그렇다면], 또, 게다가, 그러니까(방금 한 말을 요약할 때), 그럼(대화·진술 등의 시작이나 끝을 나타낼 때)'라는 뜻으로 쓰이는 예는

다음과 같다.

Right then, where do you want the table to go?

(자 그럼, 탁자를 어디다 놓아 드릴까요?)

If you miss that train then you'll have to get a taxi.

(그 기차를 놓치면 그러면 택시를 타야 할 것이다.)

Life was harder then because neither of us had a job.

(우리들 가운데 누구도 직장이 없었기 때문에 그때는 사는 게 힘들었다.)

She's been very busy at work and then there was all that trouble with her son.

(그녀는 직장에 아주 바빴어요. 그리고 또 아들 때문에 그 모든 고생을 했죠.)

I saw him at Christmas but I haven't heard a thing since then.

(내가 크리스마스 때 그들을 봤지만 그때 이후로는 아무 소식도 듣지 못했다.)

Ok then, I think we've just about covered everything on the agenda.

(자 그럼, 이걸로 우리가 안건에 나온 내용을 모두 다 다룬 것 같습니다.)

Why don't you hire a car? Then you'll be able to visit more of the area.

(차를 한 대 빌리시는 게 어때요? 그러면 그 지역의 더 많은 곳을 가 볼 수 있을 텐데.)

Check that the paper is properly loaded. Then press the start button.

A: I really have to go.

B: OK, bye, then.

A: My wife's got a job in Glasgow.

B: I take it you'll be moving, then.

3 mainly와 above all의 차이

mainly는 '주로, 대부분, 대개'(=chiefly, primarily)라는 뜻이다. mainly는 어떤 것에 관련된 주요한 이유나 사물을 언급할 때 쓰인다. above all은 '무엇보다도, (중요한 것은) 특히'라는 뜻이다. above all은 한 개의 특징이나 항목(particular feature or item)이 다른 모든 것들 보다 더 중요한 것을 보여주는 경우인 '(다른) 무엇보다도, 특히, 우선 첫째로'란 뜻으로 쓰인다.

〈mainly의 경우〉

They eat mainly fruits and nuts.

(그들은 주로 과일과 견과류를 먹는다.)

The people in the hotel were mainly foreign tourists.

(그 호텔에 있는 사람들은 대부분이 외국 관광객들이었다.)

The population almost doubles in summer, mainly because of the jazz festival.

(여름에는 인구가 거의 두 배가 된다. 주로 재즈 페스티발 때문에.)

A: Where do you expect to?

B: Vietnam, mainly.

(A: 어디로 수출을 하세요?

B: 주로 베트남으로 해요.)

The birds live mainly on nectar.

The stock market scandal is refusing to go away, mainly because there's still no consensus over how it should be dealt with.

〈above all의 경우〉

Above all, keep in touch.

(무엇보다도 계속 연락하고 지내.)

Above all, chairs should be comfortable.

(무엇보다 의자가 편해야 한다.)

Above all, changing one's diet is required.

(무엇보다도 식단을 바꾸는 것이 중요하다.)

And above all, do not try to distort the facts.

(그리고 무엇보다도, 사실을 왜곡하려 하지 않는다.)

Above all, the government wants to avoid an increase in inflation.

The person we're looking for has got to be smart, intelligent and above all trustworthy.

◈ 그런데 '가장 중요한'(the most important)인 최상급 형태를 꾸며 줄 때는 above all이 쓰이지 않고 by far('훨씬, 단연코')가 쓰인다.

Peter's was by far the most important celebration.

(피터의 기념식은 단연코 가장 중요하지요.)

The last of these reasons is by far the most important.

(이 이유들 가운데 마지막 이유가 단연코 가장 중요하다.)

The riot was by far the most horrific scene I'd ever witnessed.

(그 폭동은 내가 지금까지 목격한 것 가운데 단연코 가장 끔찍한 장면이었다.)

In my opinion, stability IS by far the most important thing for China.

(나의 의견으로서는, 안정성이 중국에게 단연코 가장 중요한 것이다.)

It was better by far to be clear-headed.

By far the most important issue for them is unemployment.

◈ 그런데 above all과 같은 뜻으로 쓰이는 것처럼 보이는 especially는 '특히, 각별히, 두드러지게, 보통 이상으로'(=particularly)와 '특별히 (…)을[를] 위해서, 유난히'라는 뜻으로 진술하는 내용이 특별히 사실인 상황에 대해 주의를 끌기 위해 쓰인다. 이 경우 especially는 글의 맨 앞에 올 수 없고 주어 다음에 넣어야 된다.

I wasn't feeling especially happy that day.

(난 그날 기분이 썩 좋지는 않았다.)

Washing your face and eyes is especially important.

(당신의 얼굴과 눈을 씻는 것이 특히 중요하다.)

Teenagers are very fashion conscious, especially girls.

(십대들은 패션에 아주 관심이 많은데, 특히 여자애들이 그렇다.)

You especially need to keep your body warm at night.

(당신은 특히 밤에 당신의 몸을 따뜻하게 유지해야 합니다.)

Millions of wild flowers color the valleys, especially in April and May.

Re–apply screen sunscreen every two hours, especially if you have been swimming.

◈ 어떤 것이 특별한 목적이나 사람을 위해 행해지거나 이루어지는 경우에는 especially가 쓰이지 않고 specially('특별히, 특히')가 쓰인다. 이 경우를 제외하고 다른 의미로 쓰일 경우에는 especially가 쓰인다.

The ring was specially made for her.

(그 반지는 그녀를 위해 특별히 만든 것이었다.)

The play was written specially for radio.

(그 극은 특별히 라디오를 위해 쓴 것이었다.)

The compost is specially formulated for pot plants.

(그 혼합 비료는 특별히 화분용 화초를 위해 만든 것이다.)

She baked a cake specially for her husband's birthday.

(그녀는 남편의 생일을 위해 특별히 케이크를 구웠다.)

Patrick needs to use specially adapted computer equipment.

The school is specially for children whose schooling has been disrupted by illness.

4 rapidly와 quickly의 차이

rapidly는 '빠르게, 빨리, 급속히, 신속히, 순식간에'라는 뜻이다. 그리고 quickly는 '(속도를) 빨리[빠르게], (시간상으로) 빨리, 곧'이란 뜻이다. rapidly는 움직임(movement)과 관련되어 보통 아주 빠른 속도로 일어나는 어떤 것을 언급할 때 쓰인다. rapidly는 무언가가 변하거나 발전하거나 펼쳐지는 등과 관련된 속도를 묘사하기 위해 주로 사용된다. rapidly의 형용사는 rapid이다. rapid는 어떤 것의 변화와 관련된 속도를 나타낼 때 흔히 쓰인다. 이것은 무엇이 움직이거나 행해지는 속도를 나타낼 때는 쓰이지 않는다.

quickly는 속도나 시간상으로 빠른 것을 묘사할 때 쓰인다. quickly의 형용사는 quick이다. 그런데 quick은 부사로도 쓰인다. quick은 짧은 시간 내에 또는 지체 없이 이루어지는 일을 묘사하기 위해 흔히 쓰인다. 그런데 사람이나 사물이 움직이는 속도를 나타낼 때는 fast('(움직임이) 빠른, (짧은 시간에, 또는 지체 없이 해서) 빠른, (일을) 빨리 하는, 날랜, 민첩한')가 훨씬 더 자주 쓰인다. fast는 특히 빨리 움직이는 사람·사물 또는 그럴 능력이 있는 사람·사물을 묘사할 때 쓰인다. rapid와 quick이 형용사로 쓰인다는 것은 명사를 꾸며주거나 보어 역할을 한다는 뜻이다.

swiftly('(일·진행 등이) 신속하게[신속히/재빠르게], (움직임이) 빠르게[날래게], 즉시'란 뜻으로 보통 어떤 일이 빠르게, 즉각 일어나거나 행해짐은 나타낸다. swiftly의 형용사는 swift이다.

〈rapidly의 경우〉

Crime figures are rising rapidly.

(범죄 수치가 빠르게 증가하고 있다.)

Today's hits rapidly become old hat.

(오늘 인기 있는 것들이 급속히 구식이 된다.)

Fire spread rapidly after a chemical truck exploded.

(화학 약품을 실은 트럭이 폭발한 후 불이 급속도로 번졌다.)

Use of computers spread rapidly during that period.

(컴퓨터 사용이 그 기간 중에 급속히 확산되었다.)

He was 58, and his health was failing rapidly.

Unemployment has been increasing rapidly over the past 8 years.

◈ rapidly의 형용사인 rapid의 쓰임새는 다음과 같다.

The patient made a rapid recovery.

(그 환자는 빠른 회복을 보였다.)

The disease is spreading at a rapid rate.

(그 질병은 빠른 속도로 퍼지고 있다.)

The guard fired four shots in rapid succession.

(그 경비원은 빠른 연발로 총알 네 발을 쏘았다.)

This signals a rapid change of mind by the government.

The patient often develops a fever and breathing becomes rapid.

〈quickly의 경우〉

She walked quickly away.

(그녀는 빠르게 걸어가 버렸다.)

He replied to my letter very quickly.

(그는 내 편지에 아주 빨리 답장을 해주었다.)

We'll repair it as quickly as possible.

(우리가 가능한 한 빨리 그것을 수리할게요.)

It quickly became clear that she was dying.

(그녀가 죽어가고 있다는 것이 곧 분명해졌다.)

The last few weeks have gone quickly.

I quickly realized that I was on the wrong train.

(나는 내가 기차를 잘못 탔다는 것을 곧 깨달았다.)

* quickly의 형용사인 quick의 쓰임새는 다음과 같다.

She gave him a quick glance.

(그녀가 그를 재빨리 힐끗 한 번 보았다.)

Would you like a quick drink?

(빨리 [잠깐] 한잔 하시겠어요?)

Are you sure this is the quickest way?

(이게 가장 신속한 방법임이 확실한가요?)

These cakes are very quick and easy to make.

(이들 케이크는 만들기가 아주 빠르고 쉽다.)

His quick thinking saved her life.

His opponents were quick to take advantage of his mistake.

◈ quick이 부사로 쓰이는 예는 다음과 같다.

Come as quick as you can?

(최대한 빨리 와!)

Let's see who can get there quickest.

(누가 거기 가장 빨리 가는지 한번 보자.)

My heart started to beat much quicker.

(내 심장이 훨씬 더 빨리 뛰기 시작했다.)

It's another of his schemes to get rich quick.

(그것은 빨리 부자가 되기 위한 그의 계획들 가운데 또 한 가지이다.)

Everyone wants to get rich quick.

Come quick; something terrible has happened!

〈fast의 경우〉

(부사로 쓰인 예)

Can't you drive any faster?

([차를]좀 더 빨리 달릴 수 없어요?)

How fast can a cheetah run?

(치타는 얼마나 빨리 달릴 수 있죠?)

That ship was sinking very fast.

(그 배는 매우 빠르게 침몰하고 있었다.)

Don't forget that time flies so fast.

(세월이 빠르다는 것을 잊지 마라.)

Their population is growing fast.

The train's running five minutes fast.

(형용사로 쓰이는 예)

My watch is five minutes fast.

(내 시계가 오 분 빠르다.)

I'm early—my watch must be fast.

(내가 일찍 왔네. 내 시계가 빠른가 봐.)

I've heard it's very fast and clean.

(저는 굉장히 빠르고 깨끗하다고 들었어요.)

Many kids all around the world love eating fast foods.

(세계 많은 어린이들이 패스트 푸드 먹는 것을 좋아해요.)

We took a fast train from New York to Boston.

He finished the job in half an hour, which was fast work!

〈swiftly의 경우〉

She moved swiftly to the rescue.

(그녀는 신속하게 구조에 나섰다.)

Troops moved swiftly to quash any unrest yesterday.

(어제 병력은 어떤 소요라도 진압하기 위해 신속하게 이동했다.)

Lenny moved swiftly and silently across the front lawn.

(레니는 재빠르게 조용히 앞 잔디밭을 가로질러 갔다.)

Ellen made a remarkably swift recovery.

(엘런은 놀랍게도 신속한 회복이 이루어졌다.)

Disaster struck swiftly and without warning.

He does not always react swiftly to unexpected shifts.

◈ 형용사인 swift의 쓰임새는 다음과 같다.

The government took swift action.

(정부가 신속한 조치를 취했다.)

The French have acted swiftly and decisively to protect their industries.

(프랑스 사람들은 그들의 산업을 보호하기 위해 신속하게 그리고 과단성 있게 행동을 취해 왔다.)

The White House was swift to deny the rumors.

(백악관은 재빨리 그 소문을 부인했다.)

Our task is to challenge the U.N. to make a swift decision.

(우리의 과제는 유엔을 촉구해 결정을 신속히 내리게 하는 것이다.)

The artist drew my portrait with a few swift movement of his pencil.

The president promised swift and effective retribution against the terrorists.

5 yearly와 every year의 차이

yearly는 '일 년에 한 번씩 있는, 해마다[매년] 있는[하는]'이란 뜻이다. 그리고 every year는 '매년, 해마다'란 뜻이다. 그런데 yearly는 어떤 것이 일 년에 한 번 이루어지거나 일어나는 것을 보통 의미한다. 그리고 yearly는 일 년의 기간과 더불어 전체 숫자나 양을 연결하기 위해 쓰이기도 한다. 그런데 every year 또는 each year는 어떤 것이 내내[줄곧] 일어나는 것을 단지 말하고 싶을 때 쓰인다.

〈yearly의 경우〉

(형용사로 쓰이는 경우)

Pay is reviewed on a yearly basis.

(급료는 일 년 단위로 재검토된다.)

Her yearly income amounts to about $60,000.

(그녀의 연간 소득은 약 6만 달러에 달한다.)

The two sisters looked forward to their yearly meetings.

(두 자매들은 모두 그들의 연례 모임을 기대하고 있었다.)

You can become a member by paying the yearly subscription.

(당신이 연회비를 내시면 회원이 되실 수 있습니다.)

He said all sponsorships are considered on a yearly basis.

The seven major industrial countries will have their yearly meeting in London.

(부사로 쓰이는 경우)

The magazine is issued twice yearly.

(그 잡지는 일 년에 두 번씩 발간된다.)

This savings plan earns three percent interest yearly.

(이 예금에는 연 삼 퍼센트의 이자가 붙습니다.)

Clients normally pay fees in advance, monthly, quarterly, or yearly.

(고객들은 일반적으로 월별로, 분기별로 또는 일 년에 한 번 회비를 선납한다.)

Physicians from all parts of the world meet yearly in Hiroshima to attend a conference on atomic war threats.

(전 세계 의사들이 핵전쟁의 위협에 관한 회의에 참석하기 위해 해마다 히로시마에서 만난다.)

Americans must file their taxes yearly.

Novello says college students will spend$ 4.2 billion yearly on alcoholic beverages.

〈every year의 경우〉

Elections take place every year.

(선거는 매년 열린다.)

The festival is held at this time every year.

(그 축제는 매년 이 시기에 열립니다.)

A large number of people visit this museum every year.

(매년 많은 사람들이 이 박물관을 찾는다.)

Every year nine million overseas visitors come to the city.

(매년 구백만 명의 외국 방문객이 그 도시에 온다.)

Every year, 250,000 people enter the job market.

The country's tourist industry is growing every year.

익힘문제 1

* 다음 글에서 틀린 부분이 있으면 고쳐 쓰세요.

1. More houses are built yearly.

2. These new trains are very rapid.

3. She is above all the best teacher.

4. They go camping in France yearly.

5. Do you believe in love at firstly sight?

6. My watch is running five minutes rapid.

7. I rapidly took the gun out of my pocket.

8. Shortly later, police arrested four suspects.

9 Mainly the film is about the madness of war.

10. Thousands of people die from cancer yearly.

11. Not long later she received five calls in one day.

12. Firstly, I couldn't understand the local people at all.

13. What I like about her mainly is her sense of humor.

14. This expression mainly is used in speech, not in writing.

15. We hold a dance every year to raise money for charity.

16. I had some difficulty firstly recalling why we were there.

17. This is only going to cause me more problems afterward on.

18. Above all her job is mainly concerned with sales and promotion.

19. It rapidly became the most popular men's fragrance in the world.

20. Clients normally pay fees in advance, monthly, quarterly, or every year.

21. At first, I would like to thank everybody who has contributed to this project.

22. We were attracted by the clean air, the beautiful scenery, and mainly the peace and quiet.

23 First you draw a long straight line. Afterwards you draw another line, parallel to the first one.

24. I went and sat next to him. Firstly, I didn't speak, I just sat there wondering what I could say. Then I said, "Nice day, isn't it?

25. We started going out together just to have fun, as friends. Afterwards we both realized that there was more than just friendship.

ANSWERS

1. More houses are built every year. 2. These new trains are very fast. 3. She is by far the best teacher. 4. They go camping in France every year. 5. Do you believe in love at first sight? 6. My watch is running five minutes fast. 7. I quickly took the gun out of my pocket. 8. Shortly afterwards, police arrested four suspects. 9. The film is mainly about the madness of war. 10. Thousands of people die from cancer every year. 11. Not long afterwards she received five calls in one day. 12. At first, I couldn't understand the local people at all. 13. What I like about her above all is her sense of humor. 14. This expression is used mainly in speech, not in writing. 15. We hold a dance every year to raise money for charity. 16. I had some difficulty at first recalling why we were there. 17. This is only going to cause me more problems later on. 18. Her job is mainly concerned with sales and promotion. 19. It quickly became the most popular men's fragrance in the world. 20. Clients normally pay fees in advance, monthly, quarterly, or every year. 21. Firstly, I would like to thank everybody who has contributed to this project. 22. We were attracted by the clean air, the beautiful scenery, and above all the peace and quiet. 23 First you draw a long straight line. Then you draw another line, parallel to the first one. 24. I went and sat next to him. At first, I didn't speak, I just sat there wondering what I could say. Then I said, "Nice day, isn't it?" 25. We started going out together just to have fun, as friends. Later on we both realized that there was more than just friendship.

PART 5

전치사

1 according to와 in one's opinion의 차이

2 before와 ago의 차이

3 as와 like의 차이

1 according to와 in one's opinion의 차이

according to는 전치사로서 '(진술·기록 등에) 따르면, (지시·합의 등에) 따라서'라는 뜻으로 이것 다음에는 작가/오웬 박사/그녀의 교사들/그들/사물 등과 함께 쓰이지만 나/우리와는 함께 쓰이지 않는다.(according to+the writer/Dr. Owen/her teachers/them etc. (NOT me/us) 그러니까 나를 포함한 우리를 제외한 제 삼자와 관련이 있는 경우에 according to나 in sb's opinion으로 쓸 수 있다. 나와 우리와 관련되어 의견을 제시하는 경우에는 in my opinion('나의 의견[견해/생각]으로는[은]'나 in our opinion('우리 의견[견해/생각]으로는[은], 우리가 보는 바로는')이 쓰인다. 이 경우 opinion은 '의견[견해/생각]' 이란 뜻이다. in one's opinion은 특별한 주제에 관해 의견[견해/생각]을 누군가에 분명히 말하기 위해 사용된다. 이런 경우에는 in my/our opinion을 사용한다.

〈according to의 경우〉

Everything went according to plan.

(모든 것이 계획대로 되어 갔다.)

According to Mick, it's a great movie.

(믹이 그러는데 그거 굉장한 영화래.)

According to Nick, Billy looked very healthy.

(닉의 말에 따르면, 빌리는 건강해 보인다고 합니다.)

Prices vary according to the quantity ordered.

(가격은 주문 수량에 따라 다릅니다.)

The work was done according to her instructions.

(그 일은 그녀의 지시에 따라 행해졌다.)

According to her husband, she fell down the stairs.

(그녀의 남편 말에 따르면, 그녀는 계단 아래로 굴렀다고 말했다.)

According to her, I can save a lot of water this way.

(엄마 말에 따르면, 이렇게 하면 많은 물을 절약할 수 있대요.)

Prices vary according to the type of room you require.

(가격은 당신이 요구하는 방의 종류에 따라 달라진다.)

You've been absent six times according to our records.

(우리 기록에 따르면 당신이 여섯 차례 불참을 했군요.)

The salary will be fixed according to qualifications and experience.

According to Charles Anderson, the government should pay closer attention to public opinion.

〈in my/our opinion의 경우〉

I was confirmed in my opinion.

(나는 나의 의견을 고수하였다[결코 굽히지 않았다].)

In my opinion, there's no time to lose.

(제 생각으로는 허비할 시간이 없습니다.)

In my opinion, it's a very sound investment.

(제 생각에는 그것이 아주 안전한 투자입니다.)

In my opinion, the decision was wholly justified.

(내 생각에 그 결정은 전적으로 타당했다.)

In my opinion, they are just very enthusiastic fans.

(내 생각엔, 그들은 단지 열성팬인 것 같아.)

He seemed a bit biased against women in my opinion.

(내 생각에 그는 여자에 대해 약간 편견을 가진 듯 했어.)

In my opinion, Hirst's work has been vastly overrated.

(내 생각에는 허스트의 작품이 지나치게 과대평가되어 왔다.)

This is the best movie in the last 10 years in my opinion.

(내 의견에 이건 지난 십 년간 최고의 영화이다.)

In my opinion, God created this world for our enjoyment.

(내 의견으로는, 신은 우리의 즐거움을 위해 이 세상을 만드셨어.)

In my opinion, the solution is very simple.

Furthermore, nostalgia is not a good guide in politics, in my opinion.

We are very different in our opinions.

(우리들의 의견에는 서로 큰 거리가 있다.)

So in our opinion this is an important area.

(그래서 우리 의견에 따르면, 이것은 중요한 지역이야.)

We were divided in our opinions on the matter.

(그 문제로 우리는 의견이 나누어졌다.)

In our opinion it is high time that we coordinated our research efforts.

In our opinion, it has an essential role in stimulating innovation and research.

In your opinion, what constitutes art?

(예술의 구성요소가 뭐라고 생각해?)

In your opinion, how long can the enemy hold out?

(당신 생각에 적군이 얼마나 오래 버틸 수 있을 것 같아?)

Who was responsible for the accident, in your opinion?

(당신 의견으로는 그 사고에 대해 누가 책임이 있나요?)

What should I sell, in your opinion?

The stamp rose a step in the collector's opinion.

(우표는 수집가에게 더욱 중요시됐다.)

The bill, in Robert's opinion, is an imperfect one.

(로버트의 생각에 그 법안은 불완전해요.)

It is, in Jane's opinion, an example of gross hypocrisy.

(제인의 생각에 그건 역겨운 위선의 한 예이다.)

In Peter's opinion, deforestation is a very serious problem.

◈ '자기의 의견[견해/생각]을 말하다[나타낸다/표현한다]'는 express/give one's opinion으로 하고 say one's opinion으로 하지 않는다.

We couldn't even express our opinion in the collar.

(우리는 압박 속에서 의견조차도 마음대로 말할 수 없었다.)

I think it is undesirable to express one's opinion behind a veil of anonymity.

(나는 익명을 빙자해 의견을 표현하는 것은 바람직하지 않다고 생각해요.)

Social networking services(SNS) are a good way to contact old friends, to make new friends, and to express one's opinion.

(사회 관계망 서비스는 옛 친구에게 연락하고, 새로운 친구를 사귀며, 그리고 개인의 의견을 표현하는 좋은 방법이다.)

Most who expressed an opinion spoke favorably of Thomas.

Please give your opinion on this.

(이에 관한 여러분의 의견을 제시해 주시기 바랍니다.)

I give my opinion in anybody's presence.

(나는 누구 앞에서도 어려워하지 않고 나의 의견을 말한다.)

He doesn't give his opinion on current politics.

(그는 현재 정치 상황에 대해 가타부타 말이 없다.)

Could you give me your opinion on this?

Explain your opinion briefly.

(네 의견을 간단히 설명해 보아라.)

He explained his opinion using my name.

(그는 나를 예로 들어 그의 의견을 설명했다.)

I can explain my opinion of who is to blame for the deaths of Romeo and Juliet.

(나는 로미오와 줄리엣의 죽음에 대해 누가 책임을 져야 하는지에 대해 말할 수 있다.)

There isn't an ideal time to express one's opinion however controversial it may be.

2 before와 ago의 차이

before와 ago는 '전에'라는 뜻으로 같은 쓰임새로 보인다. 그렇지만 before는 '(시간상으로 …보다) 전[앞]에'라는 뜻으로 과거의 어떤 때인 그 때 이전(before 'then', a time in the past)의 경우에 쓰인다. 그리고 before는 다른 뜻으로도 다양하게 쓰인다.

부사인 ago는 '(얼마의 시간) 전에'라는 뜻으로 말을 하는 순간인 지금 전에(before 'now', the moment of speaking)의 경우에 쓰인다.

〈before의 경우〉

He left the day before yesterday.

(그는 그제 떠났다.)

She's lived there since before the war.

(그녀는 전쟁 전부터 거기에 살고 있다.)

Be sure to lock the door before you leave.

(자네가 떠나기 전에 문 꼭 잠가.)

The year before last he won a gold medal, and the year before that he won a silver.

(재작년에 그는 금메달을 땄고 그 전 해에는 은메달을 땄다.)

I saw him last Friday in London and two days before in Leeds.

I went to the airport last Monday to meet Sue. I hadn't been to the airport before.

◈ before가 ① 전치사로 '(시간상으로 …보다) 전[앞]에'라는 뜻 이 외에 '(위치가 …의 앞에), (순서·일 진행상 …보다 앞에[먼저], 앞에[다가올/직면해 있는], (누가 보고 듣는) 앞에, 면전에서, …에 맞서, …와 마주치자'라는 뜻으로 다양하게 쓰인다. 그리고 before는 ② 접속사로 '…하기 전에, …하기까지, (경고·위협의 의미로) …하기 전에, …하느니'라는 뜻으로 쓰인다. 또

한 before는 ③ 부사로 '진작, 전에, 예전에'라는 뜻으로도 쓰인다.

①의 예

They knelt before the throne.

(그들은 왕좌 앞에 무릎을 굶었다.)

He was brought before the judge.

(그는 판사 앞에 끌려갔다.)

They retreated before the enemy.

(그들은 적과 마주치자 후퇴했다.)

The task before us is a daunting one.

(우리 앞에 놓인 과제는 벅찬 것이다.)

Your name is before mine on the list.

(그 명단에서는 네 이름이 내 이름보다 먼저 나온다.)

She said it before witnesses.

(그녀는 증인들 앞에서 그렇게 말했다.)

The whole summer lay before me.

(여름이 고스란히 우리 앞에 놓여 있었다.)

He puts his work before everything.

(그는 다른 무엇보다 일을 먼저 생각한다.)

Before you is a list of the points we have to discuss.

(여러분들 앞에 우리가 토의해야 할 안건들의 목록이 있습니다.)

They drove through a tall iron gate and stopped before a large white villas.

②의 예

Do it before you forget.

(잊어버리기 전에 그걸 해.)

I'd die before I apologized!

(사과를 하느니 죽는 게 낫겠어!)

Put that away before it gets broken.

(그거 깨지기 전에 치워 놔.)

Did she leave a message before she went?

(그녀가 가기 전에 전갈을 남겼어요?)

It was some time before I realized the truth.

(내가 그 진실을 깨닫기까지는 어느 정도 시간이 걸렸다.)

It may be many years before the situation improves.

③의 예

That had happened long before.

(그 일은 그 보다 훨씬 전에 일어났었다.)

It had been fine the week before.

(그 전 주는 날씨가 좋았었다.)

You should have told me so before.

(네가 진작 내게 그렇게 말했어야 해.)

I've never been hated like that before.

(그렇게까지 누군가가 날 싫어했던 적은 없었어요.)

I think we've met before.

〈ago의 경우〉

How long ago did you buy it?

(그걸 산 지 얼마나 됐니?)

The letter came a few days ago.

(그 편지는 며칠 전에 왔다.)

It was on TV not (so) long ago.

(그게 텔레비전에 나온 게 (그렇게) 오래 안 됐어.)

He stopped working some time ago.

(그는 꽤 오래 전에 일을 그만뒀다.)

They're getting married? It's not that long ago that they met!

3 as와 like의 차이

비교를 하는 경우에 as는 접속사나 부사이므로 절 앞이나 다른 부사 앞 또는 전치사로 시작하는 구 앞에 쓰인다. 비교하는 경우에 like는 전치사이므로 명사, 대명사나 명사구 앞에서 보통 쓰인다. as는 (not) as ... as, not so ... as나 the same (...) as와 같은 패턴으로 쓰인다.

〈as의 경우〉

I'm suffering as much as you do.

(나도 당신만큼 고통을 겪고 있다.)

She enjoys all kinds of music, as I do.

(그녀는 나처럼 모든 종류의 음악을 좋아한다.)

I don't learn things as easily as I did before.

(이젠 저의 머리가 예전 같지 않아요.)

Repeat these five steps, as in the last exercise.

(지난번 운동에서처럼 이 다섯 단계를 반복하세요.)

Their car is the same color as ours.

She doesn't run as fast as she used to.

I don't move as fast as you do.

(나는 당신만큼 빨리 움직이지 못해요.)

He doesn't earn as much as I do.

(그가 돈을 내가 버는 것만큼 많이 벌지 못한다.)

She doesn't cry as much as she used to.

(그녀는 예전에 울던 만큼 울지 않는다.)

I don't think he was ever as fit as he should have been.

It is not so simple as you think.

(그것은 네가 생각하는 것처럼 간단하지 않다.)

He is not so black as he is painted.

(그는 소문난 만큼 나쁜 사람은 아니다.)

I'm not so stupid as to believe that.

(내가 그걸 믿을 정도로 그렇게 어리석지는 않다.)

She was not so beautiful as I had imagined.

I think the same as you do about this.

(이것에 대해 나도 당신과 똑같이 생각한다.)

We treat boys exactly the same as girls.

(우리는 남자 아이들도 여자 아이들과 똑같이 대한다.)

You look the same as you did 10 years ago.

(넌 십 년 전과 똑같은 것 같아.)

Driving a boat is not the same as driving a car.

◈ 실제 상황과 상상하거나 기억된 상황과 비교를 하기 위해서 as가 아닌 as if 나 as though가 쓰인다.

He threatened to fire me, as if I cared!

(그는 날 해고하겠다고 협박했지만 누가 상관이나 한 대!)

He behaved as if nothing had happened.

(그는 마치 아무 일도 없었던 듯이 행동했다.)

You look as if you haven't slept all night.

(넌 한 잠도 못 잔 듯하다.)

It looked as if she had forgotten how to breathe.

(그녀는 숨쉬는 법을 잊어버렸었던 듯이 보였다.)

She came straight over and spoke to me as if we had known each other for years.

It felt as though he had run a marathon.
(그는 마치 마라톤을 하고 난 것 같았다.)
He speaks as though he knew everything.
(그는 마치 모든 것을 다 아는 것처럼 얘기한다.)
They look as though they're heading for divorce.
(그들이 이혼 쪽으로 치닫고 있는 것 같다.)
It always seemed as though they would get married.
(항상 그들이 결혼을 할 것처럼 보였다.)
It looks as though the weather is going to turn nasty again.

* as if나 as though 다음에는 명사구를 사용하지 않는다.
I felt as if I were in the land of dreams.
(나는 꿈을 꾸고 있는듯한 기분이 들었다.)
She travels around the world as if money is no object.
(그녀는 돈은 신경 안 써도 되는 것처럼 전 세계를 돌아다닌다.)
It's almost as if she doesn't know anything about computers.
(거의 그녀가 컴퓨터에 관해 아무것도 모르는 것처럼 보였다.)
He walked with difficulty, as if/though (he were) in pain.

It looked as though it might rain at any minute.
(당장이라도 비가 내릴 것 같았다.)
At one stage it looked as though they would win.
(어느 한 단계에서는 그들이 이길 것처럼 보였다.)

I thought it looked as though the battery was going.

(나는 배터리가 수명이 다해 가는 것 같다고 생각했다.)

She looked at me as though she'd never seen me before.

◈ 비교하는 경우의 as 쓰임새 이 외에 as는 전치사로서 ① '…처럼[같이]'와 ② '(자격·기능 등이) …로(서)'라는 뜻으로, 부사로서 ③ as ... as ~로 쓰여 '~만큼 ...한'과 ④ '~하는 것과 같이, –듯이'라는 뜻으로, 그리고 접속사로서 ⑤ '…하는 동안에'(=while, when), ⑥ '…대로', ⑦ '때문에, –아서[–어서/–므로]', ⑧ '–다시피[–듯이]'와 ⑨ '– 이긴 하지만'(=though)이란 뜻으로 다양하게 쓰인다.

①의 예

They were all dressed as clowns.

(그들은 모두 광대같이 옷을 입고 있었다.)

I am sick, anxious, poor as a beggar.

(나는 아프고 불안해하고 거지처럼 가난하다.)

The bomb was disguised as a package.

②의 예

Treat me as a friend.

(나를 친구로 대해 줘.)

She works as a courier.

(그녀는 여행 안내원으로 일한다.)

She had been there often as a child.

③의 예

You're as tall as your father.

(네 키가 아버지만큼 크구나.)

He was as white as a sheet.

(그는 (얼굴이) 백지장처럼 새하얗다.)

I haven't known him as long as you.

④의 예

As always, he said little.

(늘 그랬듯이 그는 별 말이 없었다.)

The 'h' in honest is silent, as in 'hour'.

(hour에서와 같이 honest에서도 h는 묵음이다.)

He was late, as usual.

⑤의 예

He sat watching her as she got ready.

(그녀가 준비를 하는 동안 그는 앉아서 그녀를 지켜보고 있었다.)

As she grew older, she gained in confidence.

(그녀는 나이가 들면서 자신감이 커졌다.)

He saw her as he was getting off the bus.

⑥의 예

They did as I had asked.

(그들은 내가 부탁한 대로 했다.)

Leave the papers as they are.

(그 서류들을 그대로 놔 둬.)

She lost it, just as I said she would.

⑦의 예

As you were out, I left a message.

(네가 외출하고 없어서 내가 메시지를 남겼어.)

She may need some help as she's new.

(그녀는 새로 왔으므로 도움이 좀 필요할지도 모른다.)

As she has no car, she can't get there easily.

⑧의 예

As you know, Julia is leaving soon.

(너도 알다시피 줄리아가 곧 떠나.)

She's very tall, as is her mother.

(그녀는 키가 아주 크다. 자기 어머니가 그렇듯이.)

As I said in my last letter, I'm taking the exam in July.

⑨의 예

Try as he might, he couldn't open the door.

(아무리 애를 써도 그는 그 문을 열 수가 없었다.)

Happy as they were, there was something missing.

(그들은 행복하긴 했지만 뭔가가 부족했다.)

Improbable as it seems, it's true.

* as against sth은 '~과[와] 대조적으로[~에 비해]'(=in comparison with)라는 뜻으로 쓰인다.

It is nothing to do with advocating war as against peace.

(평화를 지지하는 것과 대조적으로 전쟁을 지지하는 것과는 아무 관련이 없다.)

They got 27% of the vote as against 32% at the last election.

(그들은 지난 선거의 삼십이 퍼센트와는 대조적으로 이십칠 퍼센트 득표를 했다.)

Our profits this year amount to $50,000 as against $30,000 last year.

* as for sb/sth은 '~에 대해 말하자면'(=regarding)이란 뜻으로 쓰인다.

As for Jane, she's doing fine.

(제인에 대해서 말씀드리자면, 잘 하고 있어요.)

As for food for the party, that's all being taken care of.

(파티의 음식에 관해서라면, 지금 온통 신경을 쓰고 있는 것이 그 일입니다.)

As for raising salaries, we should discuss that next week.

* as it is는 '현 상황에서는[지금 실정으로는]'(=in reality)이란 뜻으로 쓰인다.

I can't help it—I've got too much to do as it is.

(난 어쩔 수가 없어. 지금 현재로도 할 일이 너무 많아서.)

We were hoping to finish it by next week—as it is, it may be the week after.

(우리가 그 일을 다음 주까지 끝냈으면 했는데, 지금 실정으로는 그 다음 주가 될 것 같다.)

We had hoped to finish it today, but as it is we probably won't finish until tomorrow.

* as it were는 '말하자면[이를테면]'이란 뜻으로 쓰인다.

His life was, as it were, a succession of failures.

(그의 인생은, 말하자면, 실패의 연속이었다.)

Teachers must put the brakes on, as it were, when they notice students looking puzzled.

(교사들은 이를테면 학생들이 어리둥절해하는 것 같이 보이면 제동을 걸어야 한다.

This so–called antique, as it were, is a fake.

* as to는 '~관해서는[~은]'(=concerning)이란 뜻으로 쓰인다.

There's a limit as to what we can do.

(우리가 할 수 있는 것은 한계가 있습니다.)

As to tax, that will be deducted from your salary.

(세금은, 당신 급료에서 공제됩니다.)

He's very uncertain as to whether it's the right job for him.

〈like의 경우〉

He's got a voice like a foghorn.

(그는 목소리가 기차 화통을 삶아 먹은 것 같다.)

He looks nothing like his father.

(그는 자기 아버지와 조금도 비슷하지 않다.)

She's wearing a dress like mine.

(그녀는 내 것과 비슷한 드레스[원피스]를 입고 있다.)

Students were angry at being treated like children.

(학생들은 아이처럼 똑같이 취급당하는 것에 화가 났다.)

James is very tall, just like his father.

Their car is like ours – old and full of rust.

* 격식을 차리지 않는 경우에는 like가 as 대신에 접속사나 부사로 흔히 쓰인다.

Nobody understands him like I do.

(그를 나만큼 이해하는 사람은 아무도 없다.)

I don't want to upset him again like before.

(난 그를 이전처럼 또 화나게 하고 싶지 않다.)

Do you make bread like you make cakes?

* like는 as if 대신에도 쓸 수 있다. like의 이런 쓰임이 일반적이기는 하지만 격식을 차리는 문어 영어에서는 옳지 않은 것으로 여겨진다.

It looks like we're going to be late.

(우리가 늦을 것 같다.)

She doesn't even sound like she wants to be here.

(그녀는 여기 있고 싶어 하지 않는 것 같던데.)

From what you say, she sounds like the right person for the job.

◈ like가 전치사로서 ① '…와 비슷한', ② '〈무엇에 대해 남의 의견을 물을 때 씀〉', ③ '어떤 사람의 보통·전형적인 측면을 말할 때 씀〉', ④ '…와 (똑)같이[마찬가지로], …처럼'와 ⑤ '(예를 들어) …같은'이란 뜻으로 쓰인다. like는 동사로서 ⑥ '(…을[를] 좋아하다', ⑦ '(…하는[되는] 것을) 선호하다[좋아하다]', ⑧ '원하다', ⑨ 부정문에 쓰여 '…하고 싶지 않다', ⑩ '〈would·should와 함께 써서 정중한 요청·문의를 나타냄〉'라는 뜻으로 쓰인다. 그리고 like는 접속사로서 ⑪ '…대로(처럼)', ⑫ ' 마치 …인 것처럼'이란 뜻으로 쓰이고, 명사로서 ⑬ '좋아하는 것들', ⑭ '비슷한 것'과 ⑮ the likes of sb/sth으로 쓰여 '~와 같은 부류'라는 뜻으로 쓰인다. like가 부사로서 ⑯ '거 뭐니, 있잖아(대단히 격의 없는 대화에서 다음에 할 말을 생각하거나 예를 들거나 할

때 씀)', ⑰ I'm, he's, she's, etc.~으로 쓰여 '(대단히 격의 없는 대화에서) 나, 그, 그녀 등이 말하다'와 ⑱ '(일상적인 대화에서 as 대신 써서) …같이'[처럼]이란 뜻과 형용사로서 ⑲ '비슷한'이란 뜻으로도 쓰인다.

①의 예

He's wearing a suit like mine.

(그는 내 것과 비슷한 정장을 입고 있다.)

That sounds like him coming now.

([저 소리를 들으니] 그가 지금 오는 모양이다.)

When the car's painted it will look like new.

②의 예

What's it like studying in Spain?

(스페인에서 공부하는 건 어때요?)

What's he like? I bet he's really dreamy.

(그는 어떤 사람이야? 분명 아주 멋진 사람일 거야.)

This new girlfriend of his—what's she like?

③의 예

It's not like her to be absent too often.

(자주 결근 하는 건 그녀답지 않아요.)

It's just like her to tell everyone about it.

(모든 사람들에게 그것에 대한 말을 하다니 딱 그녀답군.)

It was just like him to think of helping her.

④의 예

You do it like this.

(너 그거 이렇게 해.)

He ran like the wind.

(그는 바람처럼 달렸다.)

Students were angry at being treated like children.

⑤의 예

Stop treating me like a fool.

(나를 바보처럼 대하지마.)

And I really don't like people like your boss.

(그리고 나는 너의 상사 같은 사람들이 정말 싫다.)

There are several people interested, like Mrs Jones and Dr Simpson.

⑥의 예

She's nice. I like her.

(그녀는 착해. 난 그녀가 좋아.)

Do you like their new house?

(당신은 그들의 새 집이 마음에 들어요?)

I don't like the way he's looking at me.

⑦의 예

I like my coffee strong.

(나는 커피가 진한 것이 좋다.)

At weekends I like to sleep late.

(나는 주말에는 늦잠 자는 걸 좋아한다.)

I hear Mary's husband likes to be home no later than six o'clock.

＊ 이 경우에는 수동태로는 쓰지 않는다.

⑧의 예

I'd like my steak well–done.

Do what you like-I don't care.

(네가 원하는(좋은/하고 싶은) 대로 해. 난 상관없어.)

You can dye your hair whatever color you like.

＊ 이런 뜻으로 쓰이는 경우는 수동태로는 쓰지 않는다.

⑨의 예

I didn't like to disturb you.

(당신을 귀찮게 하고 싶지 않았어요.)

He doesn't like asking his parents for help.

(그는 부모님께 도와 달라고 부탁하고 싶지 않다.)

I don't like relying on the judges' decisions.

⑩의 예

Would you like a drink?

(마실 것 드릴까요?)

We would like to apologize for the delay.

(연착된 것에 대해 사과의 말씀을 드리겠습니다.)

How can they afford it? That's what I'd like to know.

⑪의 예

It didn't turn out like I intended.

(그것은 내가 의도한 대로 되지 않았다.)

No one sings the blues like she did.

([어느 누구도 그녀(가) 그랬던 것]처럼 블루스를 부르지는 못해.)

Like I said, you're always welcome to stay.

⑫의 예

She acts like she owns the place.

(그녀는 마치 자기가 (그 곳) 주인인 것처럼 군다.)

You have to behave like you couldn't care less.

(너는 전혀 신경 안 쓰는 것처럼 행동해야 한다.)

We feel like we're newlyweds and on a date all the time.

⑬의 예

We all have different likes and dislikes.

(우리는 모두 좋아하는 것과 싫어하는 것이 다르다.)

He and I are completely different in our likes and dislikes.

(그와 난 좋아하고 싫어하는 것이 완전히 다르다.)

We all have our likes and dislikes.

⑭의 예

You're not comparing like with like.

(넌 지금 비슷한 것끼리 비교를 하고 있는 게 아니야.)

I have had enough drinks, meat and the like.

(나는 술에 고기에 그 비슷한 것들을 잘 먹었다.)

He asked me my name, age, address, and the like.

⑮의 예

She doesn't want one from the likes of you.

(그녀는 너와 같은 부류를 싫어해.)

I don't need anything from the likes of you.

(나는 당신과 같은 부류에게서는 아무것도 필요하지 않아요.)

She didn't want to associate with the likes of me.

⑯의 예

It was, like, weird.

(그건, 거 뭐냐, 기이했어.)

It was kind of scary, like.

(그건 있잖아 좀 으스스했어.)

It's really hard. Like I have no time for my own work.

⑰의 예

And then I'm like 'No Way!'

(그래서 내가 말하는 거야. "절대 안 돼!"라고.)

He's like, 'Mom, I'll let you know.' He never complains.

(그는 말하는 거야. "엄마 알려 드릴 게요."라고, 그는 결코 불평하지 않는다.)

My dad was there and he's like: 'Yeah. Yeah. I want to come.'

⑱의 예

They don't listen to us like before.

(그들은 전처럼 우리말을 잘 듣지 않아.)

I would like it if you would treat me like before.

(종전처럼 저를 대해 주셨으면 좋겠습니다.)

He went up to her all innocent, like, as if he'd done nothing.

⑲의 예

She responded in like manner.

(그녀도 비슷한 투의 반응을 보였다.)

There aren't that many chances to meet people of like mind.

(비슷한 생각을 가진 사람들을 만날 기회가 그리 많지는 않다.)

We have like attitudes in this matter.

* and the like는 '기타 같은 종류의 것, 따위, 등(등), 운운'(=etc.)이란 뜻으로 쓰인다. 이와 같은 뜻으로 etc.(et cetera)와 and so forth[on]가 있다.

He asked me my name, age, address, and the like.

(그는 나에게 이름, 나이와 주소 등을 물었다.)

The 4-day fair showcases missiles, artillery, and the like.

(사 일간 열리는 이 전시회에는 미사일, 대포 등이 전시되어 있습니다.)

Many students are also keeping fit through jogging, aerobics, weight training, and the like.

I like tomato, mushroom, pumpkin, etc.

(나는 토마토, 양송이, 호박 등을 좋아한다.)

She knew all about my schoolwork, my hospital work, etc.

(그녀는 나의 학업, 병원 일 등등 모든 것을 알고 있었다.)

I loved to read stories, comic books, and so on.

(나는 이야기책, 만화책 등 읽기를 좋아했다.)

Cats comprise lions, tigers, leopards, house cats and so on.

(사자, 호랑이, 표범, 집고양이 등은 고양이 과에 속한다.)

Just talk about your likes and dislikes, and so forth.

(그냥 당신이 좋아하는 것과 싫어하는 것 등등에 대해 얘기해요.)

He asked about the definition of good behaviour, good conduct and so forth.

(그는 좋은 행동과 좋은 품행 등의 정의에 대하여 물어보았다.)

I play baseball, video games, watch TV, and so on.

We picked up soda cans, bottles, plastic cups, dishes, etc.

The patient can have apples, apple juice, apple sauce, and so forth.

* what's sb/sth like?는 무엇에 대해 의견을 물을 때 쓰이면서 ① '어때요?, 어떤 사람이에요?'라는 뜻으로 쓰이고, what is sb like?는 격식을 차리지 않는 경우 ② '~가 어떠냐구?'라는 뜻으로 누군가가 짜증스럽거나 어리석은 짓 등을 했음을 말할 때 쓰인다.

①의 예

What's her new man like?

(그녀의 새 애인은 어떤 남자야?)

So, what's your new roommate like?

(그래, 새 룸 메이트는 어때?)

What did she look like?

What was Bulgaria like?

(불가리아가 어땠어요?)

So what's the new machine like?

(그래, 새로 산 기계는 어때요?)

What was it like meeting Jill's parents for the first time?

②의 예

Oh, what am I like? I just completely forgot it.

(뭐 난 어떠냐구? 이제 겨우 그걸 완전히 잊었어.)

You forgot to turn the oven on? What are you like?

(오븐 켜는 것 잊어버렸니? 넌 또 참?)

It was quite a bad situation for all the children. 'Why, what was her stepmother like?' Oh, I'd rather not discuss that.

익힘문제 1

* 다음 글에서 틀린 부분이 있으면 고쳐 쓰세요.

1. According to me, you're wrong.

2. I was treated as if an old friend.

3. It sounds as she's been really sick.

4. A new paint job made the car look as new.

5. We met for the first time five years before.

6. They are not afraid of saying their opinions.

7. His skin is not as the skin of a young man.

8. Jim works in the same office like my sister does.

9. My parents first came here before 40 years ago.

10. Like I said earlier, this research has just started.

11. Before forty years the journey took twice as long.

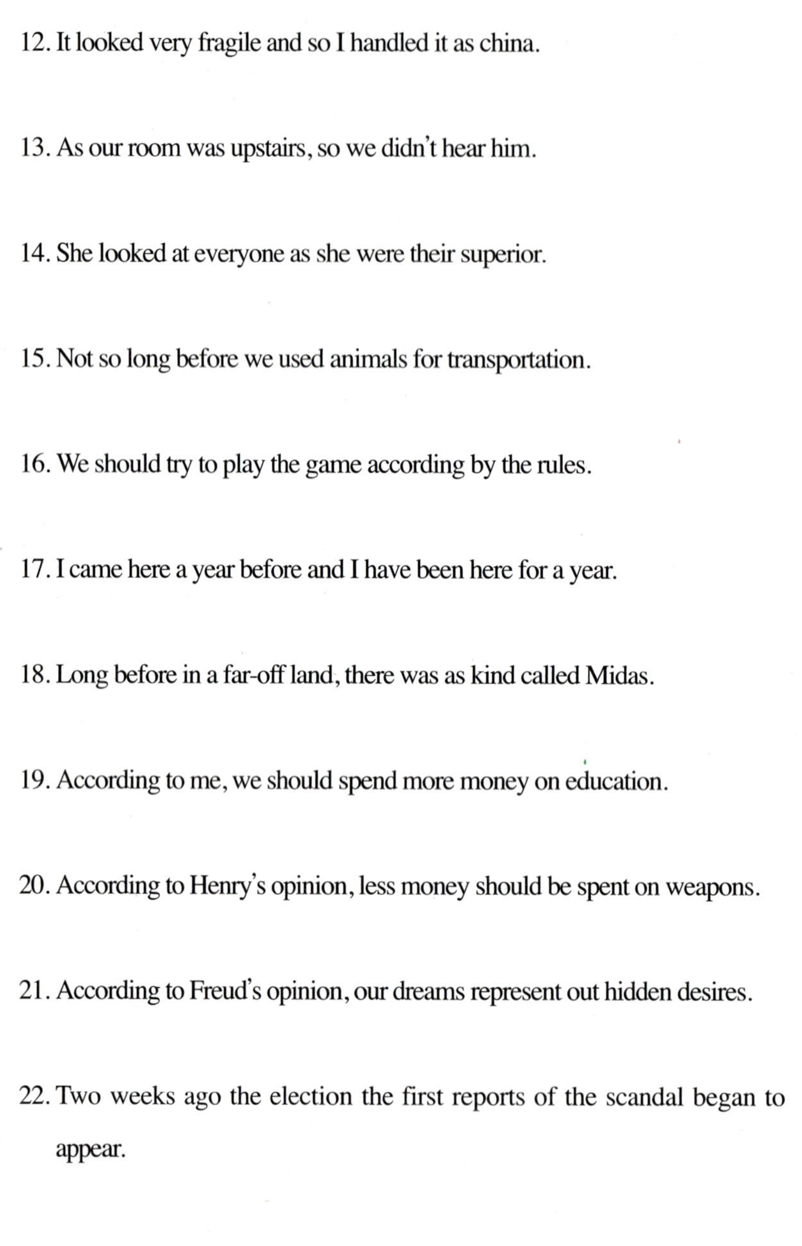

12. It looked very fragile and so I handled it as china.

13. As our room was upstairs, so we didn't hear him.

14. She looked at everyone as she were their superior.

15. Not so long before we used animals for transportation.

16. We should try to play the game according by the rules.

17. I came here a year before and I have been here for a year.

18. Long before in a far-off land, there was as kind called Midas.

19. According to me, we should spend more money on education.

20. According to Henry's opinion, less money should be spent on weapons.

21. According to Freud's opinion, our dreams represent out hidden desires.

22. Two weeks ago the election the first reports of the scandal began to appear.

23. Never ago in modern history has one nation dominated the world so completely.

24. Cartoon characters such Mickey Mouse and Snoopy are still popular with youngsters.

25. The book is concerned with important social issues as child abuse and women's rights.

ANSWERS

1. In my opinion you're wrong. 2. I was treated as if I was/were an old friend.(또는 I was treated like an old friend.) 3. It sounds as if/though she's been really sick. 4. A new paint job made the car look like new. 5. We met for the first time five years ago. 6. They are not afraid of expressing their opinions. 7. His skin is not like the skin of a young man. 8. Jim works in the same office as my sister does. 9. My parents first came here 40 years ago. 10. As I said earlier, this research has just started. 11. Forty years ago the journey took twice as long. 12. It looked very fragile and so I handled it like china. 13. As our room was upstairs, we didn't hear him.(또는 Our room was upstairs, so we didn't hear him.) 14. She looked at everyone as if she were their superior. 15. Not so long ago we used animals for transportation. 16. We should try to play the game according to the rules. 17. I came here a year ago and I have been here for a year. 18. Long ago in a far-off land, there was as kind called Midas. 19. In my opinion, we should spend more money on education. 20. In Henry's opinion, less money should be spent on weapons.(또는 According to Henry, less money should be spent on weapons.) 21. According to Freud, our dreams represent out hidden desires. 22. Two weeks before the election the first reports of the scandal began to appear. 23. Never before in modern history has one nation dominated the world so completely. 24. Cartoon characters such as Mickey Mouse and Snoopy are still popular with youngsters. 25. The book is concerned with important social issues such as child abuse and women's rights.(또는 The book is concerned with important social issues like child abuse and women's rights.)

PART 6

기타

1 be afraid to do sth과 be afraid of doing sth의 차이

2 pay attention과 be careful/take care와의 차이

3 in this/that case와 in this/that respect의 차이

4 in vain과 without success의 차이

5 나이의 영어 표현 방식

6 all의 쓰임새

1 be afraid to do sth과 be afraid of doing sth의 차이

be afraid to do sth과 be afraid of doing sth은 of 다음에 to 부정사와 동명사가 올 뿐 '(어떤 일이 있을까 봐) …하는 것을 걱정[불안해, 두려워, 무서워]하다'라는 뜻으로 겉으로 보기에는 같은 쓰임새로 보인다.

be afraid to do sth은 '일어날지도 모르는 것에 관해 겁먹거나[무서워하거나] 하기 때문에 어떤 것을 하는 것이 꺼려지는 경우'(be unwilling to do something because you are frightened about what may happen)에 쓰인다. 그런데 be afraid of doing sth은 '일어날지도 모르는 것에 관해 걱정[불안, 염려, 우려]하기 때문에 어떤 것을 하는 것이 꺼려지는 경우'(be worried or anxious about something which might happen)에 쓰인다.

〈be afraid to do의 경우〉

She was afraid to open the door.

(그녀는 그 문을 열기가 두려웠다.)

I'm still afraid to sleep in my bedroom.

(나는 내 침실에서 자기가 여전히 두렵다.)

Don't be afraid to ask if you don't understand.

(이해가 안 되면 걱정하지 말고 물어 봐.)

A lot of people are afraid to fly.

She was afraid to eat it in case it was poisonous.

〈be afraid of doing의 경우〉

Luke is afraid of getting lost.

(루크는 길을 잃을까 봐 걱정한다.)

She was afraid of upsetting her parents.

(그녀는 부모님이 실망하실까 봐 걱정이었다.)

Most criminals are afraid of being caught.

(대부분의 범인들은 잡힐까 봐 불안해 한다.)

He says that he is afraid of losing his job.

I can't tell Mom because I was afraid of upsetting her.

* 이와 같이 거의 같은 뜻으로 쓰이는 경우도 있다.

I keep feeling afraid of turning giddy.

(나는 계속해서 어지러워지는 게 무섭다.)

I started to feel afraid of going out alone at night.

(난 밤에 밖에 혼자 나가는 게 무서워지기 시작했다.)

I feel incredibly afraid of being alive.

* be afraid of 다음에 명사를 쓸 수 있다.

Are you afraid of <u>spiders</u>?

(넌 거미가 무섭니[거미를 무서워하니]?)

His brother is really afraid of dogs.

(그의 형[남동생]은 정말로 개를 무서워한다.)

Businesses are afraid of a continuing recession.

* 그리고 be afraid는 (that) 이하의 명사절을 이끌어오면서 자주 쓰인다.

Aren't you afraid (that) you'll fall?

(떨어[넘어]질까 봐 무섭지 않니?)

We were afraid (that) we were going to capsize the boat.

(우리는 보트가 뒤집히게 될까 봐 불안했다.)

Josh didn't say anything because he was afraid that the other kids would laugh.

* 그런데 be afraid for는 '염려하다'라는 뜻으로 쓰인다.

I'm not afraid for me, but for the baby.

(난 내가 아니라 아기를 염려하는 거예요.)

They had already fired three people and he was afraid for his job.

(그들이 이미 세 사람을 해고한 참이라 그는 자기 일자리가 염려되었다.)

Louise said Harry made her afraid for her personal safety arount the house.

* I'm afraid가 일반적으로 입말체에서 많이 쓰인다. I'm afraid는 '(유감스러운 내용을 말할 때 예의상 덧붙이는 표현) …할[인] 것 같다. (유감이지만) …이다'라는 뜻으로 주로 쓰인다. 그러니까 afraid가 '두렵거나[무섭거나, 겁나거나, 불안하거나, 걱정되거나]'라는 뜻으로 쓰이지 않는다는 뜻이다.

I'm afraid we can't come.

(우리가 못 올[갈] 것 같아요.)

I can't help you, I'm afraid.

(내가 널 못 도와줄 것 같애.)

He's not better, I'm afraid to say.

(이런 말하기 뭐하지만, 그도 별로 낫지 않다.)

I'm afraid that it's not finished yet.

(아직 그 일이 끝나지 않았어요.)

A: Is there any left?

B: I'm afraid not.

(A: 남은 거 있니.)

B: 없는 것 같은데.)

He's no better, I'm afraid to say.

A: Do you have to work Chrismas Day?

B: I'm afraid so.

2 pay attention과 be careful/take care와의 차이

pay attention은 '~에 주의 (집중)하다, ~에 주목하다, ~에 유의하다, 주의를 기울이다, 관심을 갖다'라는 뜻으로 쓰이는데 주로 pay attention to라는 모양으로 대부분 쓰인다. 그런데 be careful/take care는 '조심하다'라는 뜻으로 위험하거나 해가 될 수 있는 상황에 관해 이야기할 때 쓰인다.

〈pay attention의 경우〉

People pay attention when I speak.

(내가 말 할 때 사람들은 관심을 갖는다.)

Please pay attention to what I am saying.

(제 말에 주목해 주십시오.)

Don't pay any attention to what they say.

(그들이 하는 말엔 전혀 신경 쓰지 마.)

He doesn't pay attention to the dangers of speeding.

(그는 과속 운전의 위험에 대해 신경 쓰지 않는다.)

You should pay attention to the person who talks to you.

(너에게 말하는 사람에게 주의를 기울여야 한다.)

The part of the course pays special attention to the spoken English.

Other people walk along the beach at night, so I didn't pay any attention at first.

* '전념[일심분란]'이란 뜻으로 쓰일 때는 full/undivided attention을 사용한다.

I can give my undivided attention to my job.

(나는 나의 직업에 완전한 주의를 집중시킬 수 있다.)

I couldn't give the programme my undivided attention.

(내가 그 프로그램에 온전히 주의를 집중할 수가 없었다.)

You must be prepared to give the job your undivided attention.

(당신은 그 일에 전적으로 주의를 집중시킬 각오를 해야 한다.)

I assure you that this matter will receive our undivided attention.

Please pay full attention to prevention of fire.

(화재 예방에 만전을 기해 주세요.)

She wants to devote her full attention to her business.

(그 여자는 사업에만 전념하고 싶어 해요.)

Reading is no longer a cognitive activity that requires your full attention.

(독서는 더 이상 고도의 집중을 필요로 하는 인지 활동이 아니다.)

And sometimes, I want to get my parents' full attention.

〈be careful의 경우〉

Be careful!

(조심해!)

Be careful of the traffic.

(차들 조심해.)

Be careful not to wake the baby.

(아기 깨우지 않게 조심해.)

Be careful you don't bump your head.

(머리 찧지 않도록 조심해.)

He was careful to keep out of sight.

Be careful to keep all the medicines out of the reach of children.

〈take care의 경우〉

Take care and have a nice flight!

(몸조심하고 즐거운 비행 되세요.)

Take care that you are not to hurt.

(너희들 다치지 않도록 조심해라.)

Take care (that) you don't drink too much!

(술을 너무 많이 마시지 않도록 조심해라!)

Take care and I will keep in touch with you.

(몸조심하고 내가 너한테 연락할 게.)

Take care on those steps!

Take care not to be impolite to the customers.

◈ 그런데 take care of는 ① '…을[를] 돌보다, ~에 주의하다[신경을 쓰다]'와 ② '~에 대한 책임이 있다, …을[를] 처리하다'라는 뜻으로 쓰인다.

①의 예

She takes great care of her clothes.

(그녀는 옷에 대단히 신경을 쓴다.)

He's old enough to take care of himself.

(그는 스스로를 돌볼 만큼 나이가 들었다.)

Who's taking care of the children while you're away?

(당신이 없는 동안 애들은 누가 봐요?)

He wouldn't have the time or money to take care of me.

(그는 나를 돌볼 시간도 돈도 없을 것이다.)

We've asked my mother to take care of the kids while we're away.

②의 예

The manager said he'd take care of everything.

(지배인이 다 알아서 하겠다고 했어요.)

Celia takes care of the marketing side of things.

(마케팅 부문은 셀리아가 책임 맡고 있다.)

I will take care of it by myself.

(저 혼자 알아서 처리할 게요.)

I'll take care of it first thing tomorrow.

(저가 내일 그 일부터 제일 먼저 처리하겠습니다.)

You can borrow my camera if you promise to take care of.

Don't worry about the travel arrangements. They're all being taken care of.

* take care of와 거의 같은 뜻으로 look after('[…을[를] 맡다[돌보다/건사하다]) 가 쓰인다.

Please look after the baby while I'm away.

(내가 없는 동안 아기 좀 봐주세요.)

I just can't be bothered to look after the house.

(나보고 집을 돌보라고 귀찮게 하지 말아라.)

Don't worry about me—I can look after myself.

(내 걱정은 하지 마. 내 한 몸은 건사할 수 있으니까.)

I look after energy and resources issues.

(나는 에너지와 자원 관련 업무를 맡고 있다.)

One should look after one's own business.

(자기 일은 자기가 맡아서 해야 한다.)

I will look after your affairs while you are away.

(당신이 없는 동안 내가 뒷일을 맡겠다.)

I'm looking after his affairs while he's in hospital.

Who's going to look after the children while you're away?

3 in this/that case와 in this/that respect의 차이

in this/that case는 '이런/그런 경우에는[이렇다면/그렇다면]'이란 뜻인데 '이러한/그러한 환경에서는' 이란 경우에 쓰인다. in this/that respect는 '이런/그런 점에 있어서'라는 뜻으로 이런/그런 사항[사실]이나 세부 사항과 관련되는 경우에 쓰인다. 이 경우에 respect는 '(측)면, 점, 사항'이란 뜻이다.

〈in this/that case의 경우〉

In this case, what does he say to her?

(이런 경우에, 그는 그녀에게 무엇을 말할까요?)

In this case, his mother says that he is wrong.

(이럴 경우, 그의 어머니는 그가 잘못된 것이라고 말한다.)

In this case the science was less than adequate.

(이런 경우에 과학은 충분하지 않았다.)

In this case, more people become more highly educated.

(이 경우에, 더 많은 사람들이 더 높은 교육을 받게 되었다.)

And in this case we need federal intervention.

A: I don't need it tonight.

B: In that case, I'll keep it until tomorrow.

In that case, we may have to raise prices.

(그런 경우라면 우리는 가격을 올려야 할지도 모르겠다.)

In that case, you need self control over your mind.

(그런 경우에는 너는 마음을 스스로 잘 다스려야 해.)

In that case, you must figure out what the sale price is.

(그러한 경우에 당신은 판매 가격이 얼마인지를 알아내야 한다.)

A: I've made up my mind.

B: In that case, there's no point discussing it.

(A: 난 결심했어.

B: 그렇다면 논의할 필요가 없군.)

Oh, your mother is coming to dinner with us? In that case, I won't go since she and I fight a lot.

A: What shall I do if there are no trains?

B: In that case you'll have to go by bus.

◈ in any case는 '어쨌든, 어떤 일이 있어도, 어떤 경우에도'란 뜻으로 쓰인다.

In any case, it is a necessary prelude to economic recovery.

(어쨌든 그것은 경제의 회복에 중요한 전조이다.)

Traffic may be bad, but in any case we'll be there in time for dinner.

(교통 상황이 나쁠지도 모르지만, 어쨌든 우리는 저녁 식사에 맞춰 도착할 것이다.)

There's no point complaining now—we're leaving tomorrow in any case.

(지금 불평하는 건 아무 의미가 없어. 어쨌든 우린 내일 떠나니까.)

The cost may be lower than we first thought, but in any case it will still be quite substantial.

◈ in case 또는 in case of는 '(혹시라도) (…할) 경우에 대비해서'란 뜻으로 쓰인다. 영국영어에서는 예방 조치[수단]으로 이루어지는 어떤 것을 말할 때만 사용된다. 그런데 미국영어에서는 조건절의 시작부분에 가끔 if와 같이 사용된다.

I'll wait here in case he shows up.

(그가 나타날 경우에 대비하여 난 여기에서 기다릴 게요.)

You'd better take the keys in case I'm out.

(내가 외출할지도 모르니까 네가 열쇠를 가져가는 게 좋을 거야.)

You should be prepared in case you lose your passport.

(당신이 여권을 잃어버렸을 경우를 대비해야 합니다.)

Let's wait for another five minutes, just in case he shows up.

In case of rain, the game will be called off.

(비가 내릴 경우 경기는 취소될 것이다.)

Put the bottle in a plastic bag in case of spillage.

(물이 흐를지 모르니 병을 비닐봉지 속에 넣어라.)

In case of fire, ring the alarm bell.

(화재 발생시에는 비상벨을 울리시오.)

In case of fire, call the fire department.

* 여기서 in case 다음에 시제는 조건을 나타내는 딸림절[종속절]이기 때문에 미래 시제 대신에 현재 시제를, 미래 완료 시제 대신에 현재 완료 시제가 된다.

I'll stay around in case you <u>need</u> me.

(네가 날 필요로 할지도 모르니까 난 안 가고 있을 게.)

Never swim alone in case you get into trouble.

(문제가 생길 경우를 대비하여 당신은 혼자 수영하지 마세요.)

In case you want to quit, give me two weeks' notice.

(나기 그만두려면 적어도 이 주일 전에 미리 알려 줘.)

In case they're late, we can always sit in the bar.

◈ case는 명사로서 ① '(특정한 상황의) 경우', ② the case that로 주로 쓰여 '실정, 사실', ③ '(특정한 사람이나 일에 관련된) 사례[경우]', ④ '(경찰이 조사 중인) 사건', ⑤ '소송 (사건)', ⑥ '(재판·토론 등에서 한 쪽을 지지하는) 주장[논거]', ⑦ '용기, 통, 상자', ⑧ '가방'(=suitcase), ⑨ '(질병·부상) 사례[환자]', ⑩ '(특별한 대우나 관심이 필요한) 사람'과 ⑪ '(일부 언어에서 명사·형용사·대명사의)격'이란 뜻으로 쓰인다.

①의 예

It's a classic case of bad planning.

(그것은 계획이 잘못된 전형적인 경우이다.)

The company only dismisses its employees in cases of gross misconduct.

(그 회사에서는 중대한 과오가 있을 경우에만 직원을 해고한다.)

In some cases people have had to wait several weeks for an appointment.

②의 예

If that is the case, we need more staff.

(실정이 그러하다면 우리는 직원이 더 필요하다.)

It is simply not the case that prison conditions are improving.

(교도소 환경이 개선되고 있다는 것은 그저 사실이 아니다.)

It is simply not the case that educational standards have fallen.

③의 예

I cannot make an exception in your case.

(저가 당신의 경우만 예외로 할 수 없다.)

In your case, we are prepared to be lenient.

(당신의 사례에 대해서는 우리가 관대하게 할 각오이다.)

In your case, it looks like a symptom of liver disease.

④의 예

She is concerned about the case of theft.

(그녀는 그 절도 사건과 관계가 있다.)

In a murder case, fingerprints are substantive evidence.

(살인 사건에서 지문은 확실한 증거다.)

No doubt it is an obvious case of art theft.

⑤의 예

The case will be heard next week.

(그 소송건에 대해서는 다음 주에 심리가 열린다.)

He won the court case and was awarded damages.

(그는 재판에 이겨 손해 배상을 받았다.)

There was a court case resulting from this incident.

⑥의 예

Our lawyer didn't think we had a case.

(우리측 변호사는 우리에게 논거가 충분하지 않다고 생각했다.)

I think we can put together a very strong case for the defence.

(우리가 피고측을 위해 아주 강력한 항변서를 준비할 수 있을 것 같습니다.)

The report makes out a strong case for spending more money on hospitals.

⑦의 예

I bought this pencil case last year.

(나는 이 필통을 작년에 샀다.)

The museum was full of stuffed animals in glass cases.

(그 박물관에는 유리 케이스에 넣은 박제된 동물들이 가득 있었다.)

They carry the packing case up the stairs and into the bedroom.

⑧의 예

Let me carry your case for you.

(제가 가방을 들어 드릴게요.)

She is packing her case in the hotel room.

(여자가 호텔 방에서 여행 가방을 싸고 있다.)

It didn't take Andrew long to pack a case.

⑨의 예

Jack also suffers from a severe case of insomnia.

(잭은 또한 심각한 불면증을 앓고 있다.)

The most serious cases were treated at the scene of the accident.

(가장 심한 환자들은 사고 현장에서 치료를 받았다.)

More severe cases of kyphosis require more aggressive treatment.

⑩의 예

He's a hopeless case.

(그는 가망 없는 사람이다.)

This guy is obviously a nut case.

(이 사람은 분명히 미쳤어.)

I don't know what to do about him, he's a real case.

⑪의 예

'Mine' is the possessive case of 'I'.

('나의 것'은 '나'의 소유격이다.)

Latin nouns have case, number and gender.

(라틴어 명사에는 격·수·성이 있다.)

A transitive verb governs a noun in the objective case.

〈in this/that respect의 경우〉

In this respect we are very fortunate.

(이런 점에 있어서 우리는 아주 운이 좋다.)

There is no ambiguity in this respect.

(이 점에 있어서는 한 치의 모호함도 없다.)

We have the same goals in this respect.

(이 점에 있어서 우리는 같은 목표를 갖고 있다.)

In this respect we support your proposal.

(이런 점에 있어서 우리는 당신의 제안을 지지합니다.)

The film is full of violence and in this respect is unsuitable for children.

The children are not unintelligent—in fact, they seem quite normal in this respect.

They are alike in that respect.

(그들은 그 점에 있어서 비슷하다.)

I disagree with you in that respect.

(저는 그 점에서 당신과 의견이 다릅니다.)

In that respect, I agree with you completely.

(그런 점에 있어서는 당신의 의견에 전적으로 동의합니다.)

Debates such as this are important in that respect.

(이와 같은 토론은 그러한 점에서 중요하다.)

I hope we can do something in that respect in the future.

In that respect, she has achieved more than her predecessor.

◈ in respect of는 '~에 대한, ~에 대한 보수[수당]으로'라는 뜻이다.

In respect of that there is nothing to be said.

(그 점에 대해서는 할 말이 없다.)

In respect of the economy, the important thing is stability.

(경제적인 측면에서 기장 중요한 것은 안정성이다.)

A writ was served on the firm in respect of their unpaid bill.

(미지불된 청구서와 관련하여 그 회사로 영장이 송달되었다.)

He spent all his money received in respect of overtime worked.

(그는 초과 근무에 대한 수당으로 받은 돈을 다 써버렸다.)

Please state the money you have received in respect of overtime worked.

Where Dr. Shapland feels the system is not working most effectively is in respect of professional training.

◈ with all due respect, with respect와 with the greatest respect는 격식을 차리는 경우 남의 말에 상당히 강한 이의를 제기할때 쓰는 표현으로 '대단히 죄송하지만'이란 뜻이다.

With all due respect to him, that is nonsense.

(그에겐 미안한 일이지만, 이건 말이 안 된다.)

With all due respect to Mr. Bernard, this is quite a problem.

(버나드 씨에겐 대단히 죄송하지만, 이건 정말 문제입니다.)

With all due respect, the figures simply do not support you on this.

(대단히 죄송하지만, 단순히 그 수치만으로 이것에 대한 당신의 말이 뒷받침되는 것은 아니죠.)

With respect, I hardly think that's the point.

(대단히 죄송하지만 저는 그게 결코 중요하지 않다고 생각합니다.)

With all due respect, I think you're missing the point.

With respect, Minister, you still haven't answered my question.

◈ with respect to는 '~에 대하여, ~에 관하여'(=concerning)라는 뜻이다.

She is profound with respect to bugs.

The same issue arose with respect to the Churches.

(똑같은 문제가 교회들에 관해 제기됐다.)

(그녀는 벌레에 관해서는 해박하다.)

Two groups were similar with respect to income and status.

(그 두 집단은 소득과 신분 면에서 아주 유사했다.)

With respect to your other proposals, I am not yet able to tell you our decision.

◈ without respect to는 '…을[를] 고려하지 않고, …을[를] 무시하고'(=without concerning, without regard to)라는 뜻이다.

He went there without respect to her advice.

(그는 그녀의 충고를 무시하고 거기에 갔다.)

Anyone can join the club, without respect to class, race, or sex.

(계급, 인종 또는 성에 관계없이 누구나 클럽에 가입할 수 있다.)

These words, taken alone, and without respect to him who spoke them, lead our thoughts immediately to the different ends of good and bad men.

(혼자서 한 이런 말들은 그 말들을 한 그를 고려하지 않는데도, 좋은 남자

들과 나쁜 남자들의 서로 다른 종말에 대해 우리가 즉각 생각하게 되었다.)

All the Indians who could not escape by flight were massacred without respect to age or sex.

◈ respect는 명사로서 ① '존경(심), 경의', ② '존중, 정중'과 ③ '(측) 면, 점, 사항'이란 뜻으로 쓰인다. 그리고 respect는 동사로 ④ '존경하다', ⑤ '존중하다'와 ⑥ '(법률·원칙 등을) 준수하다'라는 뜻으로도 쓰인다.

①의 예

I have the greatest respect for your brother.

(나는 당신 형님[오빠]을 가장 존경해요.)

A two–minute silence was held as a mark of respect.

(경의의 표시로 이 분 동안 묵념이 있었다.)

A deep mutual respect and understanding developed between them.

②의 예

He has no respect for her feelings.

(그는 그녀의 감정을 존중하지 않는다.)

He shows a lack of respect for authority.

(그는 권위를 존중하지 않는다는 것을 보여준다.)

Everyone has a right to be treated with respect.

③의 예

Parliament is happy to lend a hand in this respect.

(의회는 이 점에 대해 기꺼이 도움을 줍니다.)

There was one respect, however, in which they differed.

(그러나 그들이 다른 면이 한 가지 있었다.)

In many respects the new version is less good than the old one.

④의 예

I respect John's opinion on most subjects.

(나는 대부분의 문제에 대해 잭의 의견을 존경한다.)

Are you saying you don't respect me any more?

(너는 더 이상 나를 존경하지 않는다고 말하는 거야?)

She had always been honest with me, and I respect her for that.

⑤의 예

She promised to respect our wishes.

(그녀는 우리의 바람을 존중하겠다고 약속했다.)

He doesn't respect other people's right to privacy.

(그는 다른 사람들의 사생활권을 존중하지 않는다.)

We must respect the human rights of other people.

⑥의 예

The new leader has promised to respect the constitution.

(새 지도자는 헌법을 준수하겠다고 약속했다.)

Those that don't respect the law must face the consequences.

(법을 지키지 않는 사람들은 분명히 대가를 치르게 될 것이다.)

It is about time tour operators respected the law and their code of conduct.

4 in vain과 without success의 차이

in vain은 '허사가 되어[헛되이]'라는 뜻이고, without success는 '성공하지 못하다, 소용이 없다'라는 뜻이다. in vain과 without success는 언뜻 보아 같은 뜻으로 쓰인다. 그렇지만 좀 더 자세히 살펴보면 쓰임새에 있어서 미묘한 차이가 있다. in vain은 fight, hunt, look, search, try나 wait 등과 같은 동사나 be 동사 다음에 보통 온다. 이 외의 다른 상황에서는 without success나 to no avail('아무 효과가 없는[없어], 보람없이, 헛되이')이 쓰인다.

〈in vain의 경우〉

All our efforts were in vain.

(우리의 모든 노력이 허사였다.)

They tried in vain to persuade her to go.

(우리가 택시를 잡으려 했지만 허사여서 계속 걸었다.)

They tried in vain to persuade her to go.

(그들은 그녀를 가도록 설득하려 했지만 허사였다.)

His proposal was denied, so did all the work in vain.

(그의 제안은 거절되었다. 그래서 모든 일이 헛사가 되었다.)

I was never in any doubt that my efforts would be in vain.

Her voice was beginning to rise and she tried in vain to control it.

〈without success의 경우〉

I made inquiries without success.

(내가 여러 모로 문의해 보았지만 성과는 없었다)

Some anglers even spent up to 15 years trying to catch it without success.

(어떤 낚시꾼들은 투톤을 잡기 위해 15년의 세월을 보냈지만 성공하지 못했다.)

South Korea repeatedly offered good peace plans to North Korea without success.

(남한은 북한에게 계속 (조건이) 좋은 평화안을 제공했지만 성공하지 못했다.)

I have moved heaven and earth to make my son a good musician but so far without success.

(저는 제 아들을 훌륭한 음악가로 만들어 보려고 온갖 노력을 다 해 보았지만 아직껏 별 성과를 거두지 못 했습니다.)

* 여기서 move heaven and earth는 '(무엇을 달성하기 위해) 백방으로 노력하다[온갖 노력을 다하다]'라는 뜻이다.

He was operated on without success, and he died in 1612.

CNN has attempted to reach a lawyer and publicist for Cosby to respond to the revelations contained in the documents, without success.

He tried to find his sister, without success.

(그는 그 여동생을 찾으려고 애썼지만, 찾지 못했다.)

We tried to persuade her, but without success.

(우리는 그녀를 설득하려 했지만 소용없었다.)

We tried to put the fire out but without success. We has to call the fire brigade.

(우리는 불을 끄려고 했지만 실패했다. 우리는 소방서에 연락해야만 했다.)

We tried to get them to agree, without much success.

The doctors of the theological faculty replied, but without success.

No matter how much effort without success and conditions are given a good dream is because you can't.

After Egypt nationalized the Suez Canal, Britain, France and Israel attempted to intervene without success. This led to the 1956 Suez Crisis.

〈to no avail의 경우〉

Everything I did to get promoted was to no avail.

(승진하려고 기울인 모든 노력이 허사로 돌아갔다.)

The doctors tried everything to keep him alive but to no avail.

(의사들이 그를 살리려고 갖은 방법을 써 보았지만 아무 효과가 없었다.)

They tried to persuade him to reverse his decision but to no avail.

(그들은 그의 마음을 바꿔보려 설득했지만 아무런 소용도 없었다.)

She sunk her whole fortune in a speculative venture, but to no avail.

(그녀는 전 재산을 투기사업에 투자했지만 헛수고였다.)

They did everything they could to protect her, but (all) to no avail.

The old man's heart stopped, and a doctor tried to save him to no avail.

5 나이의 영어 표현 방식

나이를 표현하는 방식은 be+숫자(+years old), 숫자+year+명사, 숫자+years of age, at the age of+숫자, be one's age의 경우, be the same age, 명사+of+숫자와 명사+of one's age〉와 같이 다양한다. 이 가운데 be+숫자(+years old)가 보통 쓰이는 방식이다. 그리고 age와 years old는 함께 쓰지 않는다.

〈be+숫자(years old)의 경우〉

I shall be sixty–four years old soon.

(나는 곧 예순네 살이 됩니다.)

I'm eleven years old. How old are you?

(나는 열한 살이야. 너는 몇 살이니?)

I started working when I was eleven years old.

(나는 열한 살 때부터 일을 시작했다.)

When he was 18 years old, he served in World War I.

(십팔 세가 되었을 때, 그는 제 일차 세계 대전에 참전했다.)

He is 58 years old.

My girl is eight.

(내 딸은 여덟살이야.)

You look about fifteen.

(넌 열다섯 살 쯤 되어 보인다.)

My brother is sixty-four.

(내 형/남동생은 육십네 살이다.)

She is supposed to be twenty.

(그 여자의 추정 연령은 스무 살이다.)

David is almost twelve (years old).

〈숫자+year+old+명사의 경우〉: 이 경우 '숫자+year+old'는 형용사로 쓰이기 때문에 여기에 있는 year는 단수로 쓴다.

He is a thirty–year–old single man.

(그는 서른 살 먹은 총각이다.)

Police divers have recovered the body of a sixteen year old boy.

(경찰 잠수부들이 열여섯 살짜리 소년의 시체를 찾아냈다.)

He's a twenty–four–year–old young man, right at the peak of his vigor.

(그는 스물네 살의 한창 혈기 왕성한 젊은이다.)

I am a twenty–seven–year–old woman who has married and divorced the same man three times in the last eight years.

(저는 지난 팔 년간 똑같은 남자와 세 번을 결혼하고 이혼한 스물일곱 살의 여자입니다.)

She has six-year-old daughter.

〈숫자+years of age의 경우〉

They were about 17 years of age.

(그들은 약 열일곱 살이었다.)

They were both only 20 years of age.

(그들은 둘 다 나이가 겨우 스무 살이었다.)

The legal age is currently 20 years of age.

(법적 나이는 현재 스무 살이다.)

Not recommended for children under twelve years of age.

(십이 세 이하의 어린이들은 복용하지 마십시오.)

I've been in trouble since I was eleven years of age.

〈at the age of+숫자의 경우〉

He left school at the age of 16.

(그는 열여섯 살에 학교를 떠났다.)

She entered public life at the age of 25.

(그녀는 25세의 나이에 대중들 앞에 서는 일을 시작했다.)

At the age of 10, I went to live with my aunt.

(열 살에 나는 내 숙모/고모/이모와 함께 살기 위해 갔다.)

At the age of 40, 1.9 percent of men are impotent.

(사십 세가 되면 남성의 일점구 퍼센트가 발기 부전이 된다.)

Itzhak Perlman suffered from polio at the age of four.

(이짝 펄만은 네 살 때 소아마비로 인해 고통받았습니다.)

Michelle Wie began her golf career at the young age of four.

At the age of 16, he qualified for a place at the University fo Hamburg.

* at the age of+숫자는 at+숫자로 바꿀 수 있다.

He died in 2002 at the age of 90.

(그는 구십 세의 나이로 이천이 년에 죽었다.)

→ He died in 2002 at 90.

(그는 구십 세인 이천이 년에 죽었다.)

Sue got divorced at the age of twenty-one.

(수는 스물한 살의 나이 때 이혼을 했다.)

→ Sue got divorced at twenty-one.

(수는 스물한 살에 이혼을 했다.)

He was struck down by cancer at the age of thirty.

(그는 나이 서른에 암에 쓰러졌다.)

→ He was struck down by cancer at thirty.

(그는 나이 서른에 암에 쓰러졌다.)

〈be one's age의 경우〉: '누구의 나이 (때)에'라는 뜻이다.

That was when I was your age.

(그때 나는 너의 나이 때였다.)

She'd be your age if she'd lived.

(그녀가 살아있다면 네 또래란다.)

When I was your age I was already married.

(내가 네 나이일 때는 이미 결혼을 했다.)

People who are your age are called peers.

(여러분 나이의 사람들이 또래라고 불립니다.)

When I was her age I ate what I liked and didn't care about it.

〈be the same age의 경우〉: '동갑이다'라는 뜻이다.

He and I are the same age.

(그와 나는 동갑이다.)

He's a friend about the same age as me.

(그는 내 또래의 친구야.)

You and I are the same age, born at the same time.

(당신과 나는 나이가 같고, 동시에 태어났다.)

They became close easily because they're about the same age.

(그들은 연배가 비슷하여 쉽게 친해졌다.)

Most of my friends are the same age as me.

〈명사+of+숫자의 경우〉

He's just a child of five.

(그는 겨우 다섯 살 난 아이이다.)

I was just a boy of four or five.

(나는 단지 네 다섯 살의 소년이었다.)

She is very clever for a girl of ten.

(그녀는 열 살의 소녀치고는 매우 영리하다.)

They have a little girl of three and a boy of five.

* 이 경우에는 다음과 같이 aged로 대체할 수 있다.

The body is that of a white male of about 40.

= The body is that of a white male aged about 40.

(그 시체는 마흔 살쯤 된 백인 남성의 것이다.)

A boy of 16 was last night arrested over the death.

= A boy aged 16 was last night arrested over the death.

(한 십육 세 소년이 해당 살인 혐의로 지난밤 체포되었다.)

As a result, a boy of 14 and a girl aged 15 were traced.

= As a result, a boy aged 14 and a girl aged 15 were traced.

(그 결과, 십사 세의 소년과 십오 세의 소녀는 추적을 당했다.)

* 한 개의 명사 다음에 두 개의 나이를 언급하는 경우에서 'aged+숫자+and+숫자' 또는 '숫자+and+숫자+years of age'를 사용한다.

They have two children aged six and nine.

(그들은 여섯 살과 아홉 살짜리 아이가 둘 있다.)

I have a son and a daughter aged 10 and 4 respectively.

(내 아들과 딸의 나이는 각각 열 살과 네 살이다.)

Isabelle is 35 and has two children aged 9 and aged 5 respectively.

(이사벨은 서른다섯 살이고 각각 아홉 살과 다섯 살 된 아이 두 명을 갖

고 있다.)

A woman aged 50 has given birth to twins.

Caray is somewhere between 73 and 80 years of age.

(카레이는 대략 일흔세 살에서 여든 살 정도이다.)

I have a son and a daughter 33 and 30 years of age respectively.

(내 아들과 딸의 나이는 각각 서른세 살과 서른 살이다.)

Researchers studied moles on those between 12 and 50 years of age.

(연구자들는 12세에서 50세 사이의 사람들의 사마귀를 연구했다.)

Caray is somewhere between 73 and 80 years of age.

* 명사 다음에 나이 범위[폭]을 언급할 때는 'aged+숫자+to+숫자' 또는 'between the ages of +숫자+and+숫자'를 사용한다.

The burglar is a man aged 25 to 30.

(절도범은 이십오 세 이상 삼십 세 이하인 남자이다.)

The camp is for youngsters aged 8 to 14.

(그 캠프는 팔 세에서 십사 세 사이의 아이들을 위한 것이다.)

The program is for Boy Scouts aged 6 to 21.

(그 프로그램은 여섯 살에서 스무한 살의 보이 스카우트를 대상으로 한다.)

The subjects of the experiment are men aged 18 to 25.

The first occurs between the ages of 3 and 6.

(첫 단계의 성장은 3세에서 6세 사이에 이루어집니다.)

The ski club is for people between the ages of 13 and 19.

(스키 클럽은 십삼 세에서 십구 세의 사람들을 위한 클럽입니다.)

Children must attend school between the ages of 5 and 16.

(5세에서 16세 사이의 아동은 반드시 학교에 다녀야 한다.)

Symptoms typically begin between the ages of 3 and 7 years.

(증상은 일반적으로 3세와 7세 사이에 시작된다.)

The National Curriculum is the course of study that most school pupils in England and Wales are meant to follow between the ages of 5 and 16.

〈명사+of one's age의 경우〉

He was excused by reason of his age.

(그는 연령 때문에 용서[면제]를 받았다.)

She needs more friends of her own age.

(그녀는 자기 나이 또래의 친구들이 더 필요하다.)

Five years is a long time, especially for a girl of your age.

(특히 너 나이 정도 되는 여자애한테는 오 년은 긴 시간이야.)

A girl of her age needs someone to play with.

◈ aged는 나이를 나타낼 때 쓰이기도 하지만 형용사로 쓰이는 경우는 다음과 같다. aged가 형용사로서 '고령의[연로한]' 뜻으로 격식을 차리는 경우에 쓰이기는 하지만 보통 the aged('노인들')라는 구로 쓰인다. '고령의[연로한]'의 뜻으로 보통 쓰일 때는 elderly가 쓰이는데 이 표현은 정중하게 들린다. the elderly도 '연세 드신 분들, 어르신들'로 쓰인다.

Brenda looks after her aged mother.

(브렌다는 고령이신 그녀의 어머님을 보살핀다.)

The aged woman was wrinkled and bent.

(그 늙은 여자는 주름살이 지고 허리가 굽었다.)

Recently, a middle–aged actor was added to the list.

(최근, 한 중년의 배우가 이 리스트에 추가되었다.)

Look at that big belly of the middle–aged man over there.

The bones of the aged are fragile.

(노인들의 뼈는 연약하다.)

The weak and the aged need the protection of the state.

(약자들과 고령자(高齡者)들은 국가의 보호가 필요하다.)

The poor and the aged are entitled to free health care.

An elderly man was found beaten to death.

(한 나이 많은 남자가 맞아 죽은 모습으로 발견되었다.)

Burglars ransacked an elderly couple's home.

(절도범들은 한 노부부의 집을 털었다.)

The photograph was of an elderly gentleman with a white moustache.

The elderly are a formidable force in any election.

(어떠한 선거에서도 노인들 힘이 강력하다.)

In Korea, the elderly are able to ride the subway for free.

(한국에서 노인들은 무료로 지하철을 탈 수 있다.)

The building has been converted into a retirement home for the elderly.

◈ age가 명사로 ① '나이, 연령, 수명', ② '(생애의 특정) 시기', ③ '(역사적으로 특정한) 시대'와 ④ '(많은)나이, 오래됨'이란 뜻으로 쓰인다.

①의 예

She needs more friends of her own age.

(그녀는 자기 또래의 친구들이 더 필요하다.)

Young people of all ages go there to meet.

(온갖 연령의 젊은이들이 만남을 위해 거기로 간다.)

He began his acting career at the age of 14.

②의 예

He died of old age.

(그는 고령으로 사망했다.)

15 is an awkward age.

(열다섯 살은 어중간한 나이[시기]이다.)

Men tend to put on weight in middle age.

③의 예

We may safely say that this is the age of the computer.

(현대는 컴퓨터 시대라 해도 과언이 아니다.)

Earthenware from the Bronze Age has been excavated here.

(이곳에서 청동기 시대의 토기가 출토되었다.)

But the black market for nuclear technology and arms persists, and the danger of a second nuclear age remains.

④의 예

Wisdom comes with age.

(나이가 들면 지혜가 생긴다.)

Wine improves with age.

(와인은 오래될수록 맛이 깊어진다.)

There's a certain kind of beauty that comes with age.

◈ age가 동사로 ① '나이가 들다, 나이를 먹다, 늙다', ② '노화시키다, 늙게[낡게] 만들다'와 ③ '숙성시키다'이란 뜻으로 쓰인다.

①의 예

The population is aging.

(인구가 고령화되어 가고 있다.)

The guy doesn't appear to age.

(저 녀석은 나이 먹는 것처럼 보이지 않아.)

As he aged, his memory got worse.

(그는 나이가 들수록 기억력이 더 나빠졌다.)

After his wife's death, Wilfred seemed to age quickly.

②의 예

The shock has aged her.

(그 충격으로 그녀가 늙어 버렸다.)

The illness has aged him terribly.

(그 질병으로 그는 심하게 늙어 버렸다.)

Exposure to the sun ages the skin.

(햇볕에 노출되면 피부가 노화된다.)

The sun had prematurely aged him.

③의 예

The wine is aged in oak casks.

(포도주는 오크통 속에서 숙성시킨다.)

The cheese is left to age for at least a year.

(치즈는 최소한 일 년 동안 숙성하도록 둔다.)

The wine is aged for almost a year in oak barrels.

(그 와인은 참나무통에 담겨 일 년 가까이 숙성되었다.)

The scotch is aged for ten years in oak barrels.

◈ age가 들어가서 자주 쓰이는 낱말 또는 구로는 다음과 같은 것들이 있다.

act your age: '나잇값을 하다, 나이에 맞게 행동하세요, 나잇값 좀 해라'라는 뜻이다.

When are you going to act your age?

(넌 언제 나이 값 할래?)

Act your age and try to be more mature.

(나이답게 좀 더 의젓하거라.)

Please act your age and don't act like a baby.

(넌 나이에 걸맞게 행동하고 버릇 없이 굴지 말길 바란다.)

You're behaving like a couple of kids. Act your age!

ages: '오랫동안, 한참'이란 뜻이다.

I waited for ages.

(나는 오랫동안 기다렸다.)

Carlos left ages ago.

(카를로스는 한참 전에 떠났다.)

It'll probably take ages to find a parking space.

(주차 공간을 찾으려면 아마 한참 걸릴 것이다.)

Steve, I haven't seen you for ages!

come of age: '성년이 되다, 장성하다, (무엇이) 발달한 상태가 되다'라는 뜻이다.

His four children came of age.

(그의 네 자녀들은 성년이 되었다.)

When Jane comes of age, she will buy her own car.

(제인이 성년이 되었을 때 그녀는 새 차를 살 것이다.)

When he comes of age, I'll let him drive his own car.

(그가 성년이 되면 나는 그가 자기 차를 운전할 수 있도록 허락할 것이다.)

Recycling is an issue that has come of age in Britain in the last decade.

The tourism industry has come of age.

(관광 산업이 발전해 왔다.)

Wind power has really come of age in the past five years.

(풍력은 지난 오 년간 많은 발전을 이루었다.)

The co–operative movement has come of age in many ways.

(그 협력 운동은 많은 방식들에 의해서 발전해 왔다.)

In the 1940s, movies really come of age as a creative art form.

for one's age: '나이에 비해'라는 뜻이다. 여기서 for는 '…치곤, …에 비해'라는 뜻으로 쓰인다.

She's tall for her age.

(그녀는 나이에 비해 키가 크다.)

Anne looks mature for her age.

(앤은 나이보다 성숙해 보이네요.)

You look younger for your age.

(당신은 나이보다 더 젊어 보이시군요.)

He had too much money for a young man.

look one's age: '(외모가) 자기 나이만큼 되어 보이다, 나이에 걸맞게 보이다'라는 뜻이다.

You certainly don't look your age.

(넌 확실히 네 나이로 안 보인다.)

I try my best not to look my age.

(내 나이보다 젊게 보이려고 최선을 다하고 있어요.)

It's best to look one's age or younger.

(나이에 걸맞게 보이거나 더 어려보이는 것이 가장 좋다.)

It has taken a long time, but I finally look my age.

under age: '미성년이[(…을[를] 할] 법정 연령이 안 된'이란 뜻이다.

He is still under age.

(그는 아직 미성년이다.)

You look under age. May I see your identification card?

(미성년처럼 보이는데 신분증 좀 주시겠어요?)

It is illegal to sell cigarettes to children who are under age.

(미성년자에게 담배를 파는 것은 불법이다.)

The clerk sold Jeff some beer, even though he was obvious under age.

6 all의 쓰임새

all은 '다, 모두'라는 뜻과 이 외의 여러 가지 뜻으로 쓰인다. all은 한정사, 대명사와 부사로 다양하게 쓰인다.

〈한정사(determiner)로서 쓰이는 경우〉

한정사로서 쓰이는 경우에는 ① 복수명사와 함께 쓰여 '모든', ② 셀 수 없는 명사와 함께 쓰여 '모든', ③ '〈단수명사와 함께 쓰여 그 기간 내내 어떤 일이 계속됨을 나타냄〉', ④ '최대한의', ⑤ '한 가지로만 이뤄진 (듯한), 온통 …인'과 ⑥ '어느 …도, 모든'이란 뜻으로 쓰인다.

①의 예

All my plants have died.

(내 화초가 모두 다 죽었다.)

All five men are hard workers.

(다섯 남자 모두가 성실한 일꾼이다.)

Cars were coming from all directions.

(사방에서 차들이 오고 있었다.)

All the people you invited are coming.

②의 예

All wood tends to shrink.

(모든 목재는 수축하는 경향이 있다.)

He has lost all his money.

(그는 돈을 다 잃었다.)

You've had all the fun and I've had all the hard work.

(재미는 네가 다 보고 힘든 일은 내가 다 했어.)

He lost all his money at a blackjack table in Las Vegas.

③의 예

He's worked hard all year.

(그는 일 년 내내 열심히 일했다.)

He watched TV all day long.

(그는 하루 종일 텔레비전만 보았다.)

She was unemployed for all that time.

(그녀는 그 기간 동안 내내 실직 상태였다.)

It rained all night.

④의 예

In all honesty, I can't agree.

(최대한 정직하게 말해서 난 동의할 수 없어.)

In all seriousness, there is nothing else I can do.

(최대한 진지하게 말해서 내가 할 수 있는 다른 일이 없다.)

The book isn't, in all honesty, as good as I expected.

(그 책은, 솔직히 말해서, 내가 기대했던 것만큼 좋지 못하다.)

In all fairness he had to admit that she was neither dishonest nor lazy.

⑤의 예

She was all smiles.

(그녀는 내내 미소를 지었다.)

The lady was all tears in the room.

(그 숙녀는 방에서 눈물에 젖어있다.)

The magazine was all advertisements.

(그 잡지에는 온통 광고뿐이었다.)

She sat all alone.

⑥의 예

All men are equal before the law.

(법 앞에서는 만인이 평등하다.)

He denied all knowledge of the crime.

(그는 그 범죄에 대해 조금도 알지 못했다고 부인했다.)

All women have a rough time in our society.

(우리 사회에서 모든 여성들은 힘들게 살고 있다.)

All seven astronauts were killed in the explosion.

◈ and all that (jazz, rubbish, etc.)는 '그러한 것들[그와 비슷한 것들]'이란 뜻이다.

I use them for garbage and all that sort of thing.

(나는 그것들을 쓰레기나 그런 것들로 사용했다.)

How's it going? You know—love, life and all that jazz.

(어떻게 지내? 있잖아 사랑, 인생 뭐 그런 것들 말야.)

I'm bored by history—dates and battles and all that stuff.

(나는 역사가 지루해. 날짜에 전쟁에 온통 그런 것들뿐이니.)

Perhaps he was thinking of glass houses and all that.

◈ not all that good, well, etc.는 '그렇게[특별히] 좋지는 않은/잘하지는 못하는 등'이란 뜻이다.

He doesn't sing all that well.

(그가 노래를 그렇게 잘하는 건 아니다.)

He wasn't all that older than we were.

(그는 우리 나이 보다 그렇게 많은 것은 아니었다.)

I didn't finish the book—it wasn't all that interesting.

(나는 그 책을 끝내지 못했다. 그 책은 그렇게 흥미로운 것은 아니었다.)

He said he would not be all that difficult to reach a peaceful conclusion to the conflict.

◈ of all people, places, things, etc.는 '하고 많은 사람들/것들 가운데'란 뜻이다.

She had a visceral dislike of all things foreign.

(그녀는 모든 외국 것들에 대해 본능적인 반감을 갖고 있었다.)

And now she's chosen to live in Alaska, of all places!

(그리고 이제 그녀는 하고 많은 장소 가운데 알래스카에 살기로 결정했대.)

I didn't think you, of all people, would become a vegetarian.

(하고 많은 사람들 가운데 네가 채식주의자가 되리라고는 난 생각지도 않았어.)

She set out to create, of all things, wedding dresses.

◈ of all the...는 '하필이면(…할 게 뭐람)'이란 뜻이다.

How can you talk to me that way! Of all the nerve!

(어쩌면 내게 그렇게 입을 놀릴 수 있담! 기가 막힌 놈이군!)

I've locked myself out. Of all the stupid things to do!

(내가 열쇠를 안에 두고 문을 잠가 버렸어. 하필이면 이런 멍청한 짓을 하다니!)

Of all the lazy, indifferent, unbusinesslike attitudes to have!

〈대명사(pronoun)로서 쓰이는 경우〉

대명사로서 쓰이는 경우에는 ① '다, 모두'와 ② 흔히 that이 없는 관계절이 뒤에 나오면서 '(…한) 오직 한 가지[전부]'라는 뜻으로 쓰인다.

①의 예

They've eaten all of it.

(그들이 그걸 다 먹었어.)

All of the food has gone.

(음식이 다 나갔어요[떨어졌어요].)

Not all of them were invited.

(그들이 모두 다 초대받은 것은 아니다.)

All of them enjoyed the party.

②의 예

It was all that I had.

(그것은 내가 가지고 있던 전부였다.)

All he cares about is work.

(그가 신경 쓰는 건 일 뿐이다.)

All I want is peace and quiet.

(내가 원하는 것은 오로지 조용한 평화로움뿐이다.)

All ever you want to do is go shopping!

◈ all in all은 '대체로'(=on the whole, generally)라는 뜻이다.

All in all it had been a great success.

(대체로 보아 그것은 대단한 성공작이었다.)

All in all, my trip across Europe was a lot of fun.

(대체로 유럽에서의 여행은 즐거웠어.)

We both thought that all in all it might not be a bad idea.

(우리 둘 다 그것이 요컨대 그다지 나쁜 생각이 아니라고 생각했다.)

All in all we had a good time.

◈ all in one은 '(두 가지 이상의 기능 등이) 모두 하나로 된'이란 뜻이다.

It's a cellular and cordless phone all in one.

(전화기 한 대에 휴대와 무선 두 가지 기능이 있습니다.)

It's a corkscrew and bottle–opener all in one.

(그것은 코르크따개와 병따개가 하나로 붙어 있는 것이다.)

This book is a love story and an adventure all in one.

(이 책은 연애 소설과 모험담이 모두 하나로 된 것이다.)

They ate the packet of biscuits all in one go.

◈ and all은 ① '…까지, …을[를] 포함하여, 게다가'와 ② '…도'라는 뜻이다.

①의 예

She jumped into the river, clothes and all.

(그녀는 강으로 뛰어들었다. 옷을 다 입은 채.)

I hated the organization and all it stood for.

(나는 그 단체와 그것이 옹호하는 모든 것까지 싫었다.)

I don't want to tell you this but it is the deuce and all.

(내가 이렇게 말하고 싶지는 않지만 게다가 그것은 무엇 하나 쓸 만한 것이 없다.)

They ate the whole fish; bones, tail, and all.

②의 예

He ate the apple skin and all.

(그는 사과를 껍질째 먹었다.)

Dealing with the rape and all?

(강간을 하는 것도 거래가 되나요?)

A: I'm freezing.

B: Yeah, me and all.

(A: 추워 죽겠어.

B: 응, 나도.)

He dropped his sausage on the pavement and someone's dog ate it, mustard and all.

◈ (not) at all은 '전혀'라는 뜻이다.

I didn't enjoy it at all.

(나는 그 그것이 전혀 즐겁지 않았다.)

I don't blame her at all.

(난 그녀를 전혀 탓하지 않아요.)

It doesn't mean that at all.

◈ in all은 '총[모두 합쳐]'(=altogether)라는 뜻이다.

That's $50 in all.

(모두 오십 달러입니다.)

There were twelve of us in all for dinner.

(저녁 식사에 모인 우리는 총 열두 명이었다.)

There was evidence that thirteen people in all had taken part in planning the murder.

◈ not at all은 '별말씀을요(고맙다는 말에 대한 정중한 대답)'라는 뜻이다.

He thanked me and I said not at all.

(그는 감사해했고 나는 천만에요라고 말했다.)

A: Thanks very much for your help.

B: Not at all, it was a pleasure.

(A: 도와 주셔서 정말 고맙습니다.

B: 별말씀을요. 저도 즐거웠습니다.)

A: Thanks a lot.

B: Not at all.

◈ once and for all은 '마지막으로 한 번만 더, 최종적으로[완전히]'(=for the last time)란 뜻이다.

We need to settle this once and for all.

(우리는 이것을 최종적으로 결정지어야 한다.)

I need to have it out with her once and for all.

(내가 최종적으로 그 문제에 대해 그녀와 터놓고 얘기를 해 봐야겠어.)

Let's try to solve this problem once and for all.

◈ your all은 '(자기가 가진) 모든 것'이란 뜻이다.

Give it your all until it's over!

(끝까지 최선을 다하세요!)

They gave their all in the war.

(그들은 그 전쟁에 모든 것을 바쳤다.)

Give it your all. We'll be behind you.

〈부사(adverb)로서 쓰이는 경우〉

부사로서 쓰이는 경우에는 ① '완전히, 온통', ② '아주, 몹시', ③ all too...로 쓰여 '너무나도 [대단히]와 ④ '(스포츠·게임에서) 양쪽 다'라는 뜻으로 쓰인다.

①의 예

He lives all alone.

(그는 혈혈단신으로 혼자 산다.)

She was dressed all in white.

(그녀는 온통 하얀색으로 옷을 입고 있었다.)

The coffee went all over my skirt.

②의 예

She was all excited.

(그녀는 몹시 흥분해 있었다.)

Now don't get all upset about it.

(자, 그것에 대해 너무 화내지 마.)

He came over all dizzy when he stood up.

③의 예

I'm all too aware of the problems.

(난 그 문제들을 너무나도 잘 알고 있다.)

The end of the trip came all too soon.

(여행의 끝이 너무나도 빨리 다가왔다.)

These scenes of violence are all too familiar.

④의 예

The score was four all.

(스코어는 사 대 사였다.)

Davies levelled the score at 2 all.

(데이비스가 이 대 이로 동점을 만들었다.)

The match ended in a draw, with the score three all.

◈ above all은 '무엇보다도, 특히'란 뜻이다.

Above all, keep in touch.

(무엇보다도 계속 연락하고 지내.)

She liked him above all for his effortless charm.

(그녀는 무엇보다도 그의 타고난 매력 때문에 그를 좋아했다.)

Social services departments must accept, above all, the rold of the parents.

◈ all along은 '내내[죽]'이란 뜻이다.

I've been fooling myself all along.

(나는 줄곧 나 자신을 속여 왔다.)

I realized it was in my pocket all along.

(나는 그것이 죽 내 호주머니 안에 들어 있었다는 것을 깨달았다.)

He knew all along that he was dying of cancer, but he stayed cheerful.

◈ all at once는 '갑자기'(=suddenly, abruptly)란 뜻이다.

All at once she lost her temper.

(갑자기 그녀가 버럭 화를 냈다.)

All at once there was someone knocking on the door.

(갑자기 누군가가 문을 두드렸다.)

The crowd was quiet; then all at once it began to applaud.

* all at once는 '갑자기' 뜻 이 외에 '모두 함께[동시에]'(=simultaneously)라는 뜻으로도 쓰인다.

He's doing so much all at once.

(그는 많은 것을 동시에 하고 있다.)

It's a lot of information to absorb all at once.

(그것은 모두 한꺼번에 받아들이기엔 많은 정보다.)

I can't do everything all at once—you'll have to be patient.

* '갑자기'라는 뜻을 갖고 있으면서 all이 들어간 구는 all of a sudden이 있다.

All of a sudden someone grabbed me around the neck.

(갑자기 누군가가 내 목을 단단히 감았다.)

All of a sudden there was a terrific bang and a flash of smoke.

(갑자기 엄청난 소리와 함께 연기가 폭발했다.)

We were driving in the country when all of a sudden a deer ran across the road.

◈ all the better, harder, more etc.는 '그만큼 더욱더'란 뜻이다.

He is loved all the better because he is honest.

(그는 정직하기 때문에 더욱 더 사랑을 받는다.)

You'll feel all the better for a good night's sleep.

(하룻밤 푹 자고 나면 넌 훨씬 좋아질 거야.)

We'll have to work all the harder with two people off sick.

(두 사람이 병가 중이니 우리가 그만큼 더욱더 열심히 일해야 할 것이다.)

If there was to be competitive tendering, the problem is all the harder.

(경쟁 입찰이 있었다면 그 문제는 그만큼 더욱더 어렵다.)

Left all alone, I felt all the more sad.

(혼자 남으니 나는 더욱더 슬퍼졌다.)

This result gives us all the more reason for optimism.

(이런 결과도 또한 우리가 낙관론을 가져도 될 그만큼 더욱더 근거가 된다.)

The living room is decorated in pale colors that make it all the more airy.

Playing 20 minutes with 14 men makes a difficult task all the harder at Test level.

A: How are you?

B: All the better for seeing you.

◈ all but은 ① '거의'와 ② '~외에 모두'라는 뜻이다.

①의 예

It was all but impossible to read his writing.

(그의 필체를 읽는 것은 거의 불가능했다.)

The party was all but over when we arrived.

(우리가 도착했을 때는 파티가 거의 끝나 가고 있었다.)

He has been all but forgotten.

②의 예

He runs the company in all but name.

(이름만 아니지 실질적으로는 그가 그 회사를 경영한다.)

All but one of the plates were damaged.

(접시가 한 개 빼고는 모두 흠이 나 있었다.)

The plant will stand all but the worst winters out of doors.

◈ all in은 ① '(몸이) 지친[기진맥진한]'(=exhausted)과 ② '모두 합한[총]'이란 뜻이다.

①의 예

I don't mind confessing, I'm all in.

(나는 자백하는 것에 대해 꺼리지 않아. 나는 지쳤어.)

At the end of the race he felt all in.

(경주가 끝날 무렵 그는 기진맥진했다.)

I fell all in by the end of the day.

A: Have you eaten?

B: You look all in!

②의 예

The holiday cost $500 all in.

(휴가비는 총 오백 달러가 들었다.)

I'm going to chuck it all in and go abroad.

(나 모든 걸 그만두고 외국으로 갈 거야.)

I sold the car, together with the radio and some spare parts, for $5,000 all in.

◈ all of sth은 흔히 반어적으로 쓰여 '고작'라는 뜻이다.

It must be all of 100 meters to the car!

(차까지는 고작 백 미터밖에 안 될 거라구!)

It took him all of 41 minutes to score his first goal.

(그가 첫 번째 골을 넣는데 고작 사십일 분이 걸렸어.)

I'm just checking up on Kim. It'll take me all of five minutes.

◈all over는 ① '곳곳에[온 데]', ② '과연 …다운'(=very like)와 ③ '끝난' (=finished)이란 뜻이다.

①의 예

We looked all over for the ring.

(우리는 반지를 찾아 온 데를 다 뒤졌다.)

Food is in short supply all over the country.

(식량 공급이 그 나라 전국적으로 부족하다.)

There was mud all over the floor.

②의 예

That sounds like my sister all over.

(저거 과연 우리 언니[누나(여)동생]다운 소리군.)

She's always talking—that's Claire all over.

(그녀는 항상 수다를 떨어. 그게 클레레 다운 거야.)

He's always late; that's Billy all over.

③의 예

It's all over. There's nothing to be afraid of now.

(모두 끝났어. 이제 두려워할 건 아무것도 없어.)

Now it's all over for me and I will be sent home.

(지금 그게 끝나면 나는 집으로 보내지게 될 거야.)

The referee has blown his whistle, and it's all over!

◈ all round/all around는 ① '어느 모로 보나'와 ② '모두에게'란 뜻이다.

①의 예

Fairness all round is what we want.

(어느 모로 보나 공정성은 우리가 원하는 것입니다.)

But it's been a better month all round.

(그러나 어느 모로 보나 그 달이 가장 좋았었어.)

In this way, he stands to lose out all round.

②의 예

She bought drinks all round.

(그녀가 모두에게 술을 한 잔씩 샀다.)

She gave them the cookies all round.

(그녀는 그들 모두에게 쿠키를 골고루 나눠줬다.)

Why bother? What we really need is better education all round.

◈ all/just the same은 '똑같은, 아무래도 좋은, 그래도[그럼에도 불구하고]' (=nevertheless)라는 뜻이다.

He's not reliable. but I like him all/just the same.

(그가 그렇게 믿을 수 있는 사람은 아냐. 하지만 그래도 난 그가 좋아.)

A: Will you stay for lunch?

B: No, but thanks all the same.

(A: 있다가 점심 먹고 가겠니?

B: 아니, 그래도 고마워.)

She told me she hadn't enjoyed the film, but I decided to go and see it all the same.

◈ all there는 '제정신인[정신이 온전한]'(=clever or healthy in mind)이란 뜻이다.

He stared into space like someone who wasn't all there.

(그는 넋 나간 사람처럼 허공을 바라보았다.)

He behaves oddly at times—I don't think he's quite all there.

(그는 가끔 아주 이상한 행동을 해. 난 그가 온전히 제정신인 것 같지가 않아.)

I don't think he's quite all there.

◈ all about sb/sth은 '~이 최고[전부]다'라는 뜻이다.

This family is all about love.

(이 가족은 사랑이 전부다.)

It's all about money these days.

(요즘에는 돈이 최고다.)

That's what true love is all about, my friend.

◈ be all ears는 '온통 귀에 정신을 모으다[열심히 귀를 기울이다]'라는 뜻이다.

She was all ears when he told his story.

(그녀는 그의 말을 경청했다.)

A: Do you know what he said?

B: Go on—I'm all ears.

(A: 그가 뭐라고 했는지 아니?

B: 말해 봐. 난 열심히 귀를 기울이고 있으니까.)

But understand that I am all ears on the messages they are sending.

◈ be all for sth/for doing sth은 '…을[를] 굳게 믿다, ~에 대찬성이다'라는 뜻이다.

I told him I am all for it.

(나는 거기에 전적으로 찬성한다고 그에게 말했다.)

I'm all for people having fun.

(나는 사람들이 즐겨야 한다는 데 전적으로 찬성한다.)

They're all for saving money where they can.

◈ be all over sb는 '~에게 온통 애정공세를 퍼붓다'라는 뜻이다.

Your hands were all over her!

(너의 손이 그녀에게 온통 애정공세를 퍼부었잖아!)

He was all over her at the party.

(그는 파티에서 그녀에게 온통 애정공세를 퍼부었다.)

Last week you were all over me in my car.

◈ be all that은 '끝내주다[굉장히 매력적이다]'라는 뜻이다.

He thinks he's all that.

(그는 자기가 끝내주게 멋지다고 생각한다.)

She is all that with a witness.

(그녀는 의심의 여지없이 완벽하다.)

That singer is not all that she is cracked up to be.

◈ be all thumbs는 '손재주가 없다[손이 무디다]'라는 뜻이다.

He's all thumbs when it comes to cooking.

(그는 요리에 아주 서투르다.)

The janitor is all thumbs and can never fix things.

(그 관리인은 정말 손재주가 없어서 고칠 수 있는 게 없다.)

I can't play the piano today; I seem to be all thumbs.

◈ be all up (with sb)은 '(~에게) 끝장이다'라는 뜻이다.

It's all up with him now.

(그는 이제 끝장났어.)

It looks as though it's all up with us now.

(이제 우린 완전히 끝장난 것 같다.)

I felt it was all up with us.

1) 셀 수 있는 명사의 단수 형태 앞에는 all이 아닌 보통 whole('전체[전부]의, 모든, 온전한')과 entire('전체의, 온')를 쓴다.

We drank a whole bottle each.

(우리는 각자가 한 병을 전부 다 마셨다.)

He spent the whole day writing.

(그는 온전히 하루를 글을 쓰면서 보냈다.)

The whole country mourned her death.

(국가 전체가[온 국민이] 그녀의 죽음을 애도했다.)

We spent the whole lesson singing songs.

The entire village was destroyed.

(마을 전체가 파괴되었다.)

I have never in my entire life heard such nonsense!

(내 평생 동안 그런 터무니없는 말은 들어본 적이 없어!)

The disease threatens to wipe out the entire population.

(그 질병은 인구 전체를 몰살시킬 정도로 위협적이다.)

The entire document will have to be rewritten.

그런데 가끔 all과 whole/entire 둘 다 가능한 경우도 있다.

The system was down the whole/all morning.

(시스템이 오전 내내 작동이 안 되었다.)

The rain poured down the whole/all the afternoon.

(오후 내내 비가 억수로 내렸다.)

He slept feverishly whole/all afternoon and into the night.

(그는 오후 내내 뿐만 아니라 밤까지 지독하게 잠을 잤다.)

다음 경우에는 whole/entire가 크게 강조하거나 종종 놀람, 실망이나 만족 등의 감정을 표현한다.

I read the whole book in just two evenings.

(나는 단지 이틀 저녁 만에 전체 책을 다 읽었다.)

The whole thing was completely unfair.

(모든 것은 완전히 불공평했습니다.)

The entire audience broke into loud applause.

(전 관객이 큰 박수를 치기 시작했다.)

There are only 60 swimming pools in the entire country.

(나라 전체에 수영장이 육십 개밖에 없다.)

2) '모든 것, 모두'(=everything)을 의미하는 경우 관계절이 뒤따르는 경우가 아니면 all을 쓰지 않는다.(Is that all she wanted to know?)

Nobody understands all.

→ Nobody understands everything.

(아무도 모든 것을 이해할 수 없다.)

Nobody is good at everything, you know.

(너도 알다시피, 어떤 누구도 모든 것을 잘 하지 못해.)

When we confronted him, he denied everything.

(우리가 그에게 따지자, 그는 모든 것을 부인했다.)

She seemed to have everything—looks, money, intelligence.

That's all that matters to me.

(그것은 나에게 가장 중요한 거다.)

Officials acknowledge all that will be difficult.

(관리들은 이런 과업이 매우 어려울 것임을 인정하고 있다.)

He said all that remained was to agree to a time and venue.

3) 일반적으로 부정을 나타내는 동사와 함께 all/everybody/everything 등을 쓰지 않고 긍정을 나타내는 동사와 함께 none/nobody/nothing 등을 쓴다. 그런데 All the children aren't at school today.(오늘 모든 아이들이 학교에 있지 않다.) 는 '모든 학생은 아니지만 일부 학생들은 학교에 있다.'라는 뜻으로 뉘앙스의 차이가 있다.

None of the workers are in the office.

(사무실에 직원이 하나도 없다.)

We have three sons but none of them live nearby.

(우리는 아들이 셋인데 그 가운데 한 명도 가까이 살지 않는다.)

None of the children are at school today.

Nobody knew what to day.

(아무도 무슨 말을 해야 할지 몰랐다.)

Nobody wants to talk to you.

(아무도 너와 이야기하고 싶어하지 않아.)

Nobody is allowed to wear shoes in the mosque.

Nothing more I can do tonight.

(오늘밤 내가 더 할 수 있는 것은 없다.)

There's nothing more I can say.

(내가 더 이상 할 말이 없다.)

Nothing like that has ever happened.

4) all of는 대명사 바로 앞에 둔다. 그러나 all은 대명사 바로 다음에 둔다.

All of them speak French.(그들 모두 불어로 말한다.)

They all speak French.(그들 모두 불어로 말한다.)

All of us already miss you.

(우리 모두는 벌써 당신이 그립습니다.)

It was a pleasure working with all of you.

(여러분과 함께 일할 수 있어 무척 즐거웠어요.)

The government wants to train all of them.

(정부는 그들 모두를 훈련시키기를 원한다.)

There's plenty room for all of you!

(너희들 모두 타도[들어와도] 될 만큼 공간이 충분해!)

All of us have worked hard all day.

(우리 모두 하루 종일 열심히 일했다.)

Not all of them were acting out of self-interest.

(그들 모두가 다 사리사욕 때문에 행동을 했던 것은 아니었다.)

All we can do is sit and wait.

They all felt restless and unsettled.

(그들은 모두 가만히 못 있고 불안해했다.)

It will be great if we all go together.

(우리 모두 함께 가면 좋겠어.)

I'm sorry I didn't tell you all this sooner.

(당신 모두에게 저가 이걸 더 빨리 말하지 못해 미안해요.)

Can I ask you all a question?

(제가 여러분들 모두에게 질문을 하나 해도 되겠습니까?)

And they all lived happily ever after.

(그리고 그 후 그들은 모두 내내 행복하게 살았다.)

So may I humbly suggest we all do something next time.

(그래서 저는 우리 모두 다음에는 무엇인가를 해 보자고 감히 제안합니다.)

In fact, you should view the entire diamond as one molecule, because they all have covalent bonds.

5) 일반적인 언급(general reference)의 경우에는 all을 명사 바로 앞에 둔다. 그런데 특수한 언급(specific reference)의 경우에는 all+of the/these/their 등+명사의 형태로 쓴다. 이런 쓰임은 all 자리에 most나 some이 오더라도 마찬가지이다. 다시 말하면 일반적인 언급의 경우는 all/most/some 등+명사가 되고, 특수한 언급인 경우에는 all/most/some+of the/these/their 등의 모양으로 쓰인다.

All men are liable to err.

(누구나 실수할 수 있어요.)

All you men are all alike.

(너네 남자들은 다 똑같아.)

I know that I hate all women.

I love all of my children.

(나는 내 모든 아이들을 다 사랑해.)

Computers are on all of the tables.

(모든 테이블 위에 컴퓨터가 있다.)

All of the seats in the room are empty.

Most people find that totally disgusting.

(대부분의 사람들이 그것을 역겹게 생각한다.)

Don't you think watching TV is fun for most people?

(텔레비전을 보는 거 대부분 사람들이 다 좋아하지 않나요?)

I spent the most of my time on watching TV.

(나는 대부분의 시간을 텔레비전을 보는데 썼다.)

He was in and out of jail for most of his life.

(그는 생의 대부분 동안 교도소를 들락거렸다.)

Most of the Americans I met were very friendly.

Most people think of robots as machines that look like people.

Some things are not for sale.

(몇몇의 물건은 파는 것이 아니다.)

Some people are sitting on the curb.

(몇 명의 사람들이 연석에 앉아 있다.)

Some of the parking lots will be under construction.

(일부 주차장이 공사에 들어갈 것이다.)

Perhaps some of these patients had difficulty eating meat.

(아마도 이 환자들 가운데 일부는 고기를 먹는데 어려움을 겪었던 것 같다.)

Some fool drove into the back of my car.

Some of you may know the story of Rip Van Winkle.

6) 대명사를 대신하기 위해 all을 사용할 수 없다. 대명사를 대신하는 경우에는 대명사와 함께 all 또는 all of를 쓴다.

She took six exams and passed them all.

(그녀는 여섯 개의 시험을 치렀는데 그 시험 모두 통과했다.)

또는

She took six exams and passed all of them.

(그녀는 여섯 개의 시험을 치렀는데 그 시험 모두 통과했다.)

I don't have a favorite season. I like them all.

(난 특별히 좋아하는 계절이 없구요, 그냥 다 좋아하죠.)

It gladdened him to see them all enjoying themselves.

(그들이 모두 즐거워하는 것을 보자 그는 기뻤다.)

I'm not saying all of them.

(나는 그 모든 걸 말하는 게 아니야.)

She had the most money of all of them.

(그녀는 그들 모두 가운데에서 돈을 가장 많이 갖고 있었다.)

We all enjoyed the party.

The accident was a warning to all of us.

7) all의 위치는 일반 동사 앞에 놓이고 그리고 be 동사나 도우미동사[조동사] 다음에 놓인다.

It's all done, and it's great.

(모두 끝났어요, 멋지네요.)

You are just all done up, aren't you?

(너 일 다 끝난 거 맞지, 그렇지?)

The rooms on the top floor are all being redecorated.

You all <u>think</u> I'm stupid, don't you?

(넌 내가 바보라고 생각하지, 그렇지?)

They all trooped back to the house for a rest.

(그들은 쉬기 위해서 모두 무리지어 집으로 돌아갔다.)

We all agreed about the amount of our shares.

We <u>should</u> all have such problems.

(우리 모두 그런 문제들을 갖고 있어.)

I know this must all seem very strange to you.

(이 모든 것이 당신에게 매우 낯설 거란 걸 나는 알아요.)

You must all hand in your projects by the end of next week.

익힘문제 1

* 다음 글에서 틀린 부분이 있으면 고쳐 쓰세요.

1. Soon you'll be of my age.

2. I like all the kinds of music.

3. All of us didn't want to go to bed.

4. Robert was a little boy of ten years.

5. His age is about fifty-five years old.

6. This decision changed all of her life.

7. All of children learn to speak naturally.

8. She tried to get him to listen but in vain.

9. I didn't like the meal and couldn't eat all.

10. As all you know, my name is Mary Smith.

11. People envy her because she is good at all.

12. In the age of 15, you are allowed to drive a car.

13 People should pay more attention on what they eat.

14. I've been playing the piano since I was seven years.

15. They have two children in the age of 8 and 12 years.

16. Not all aged parents have children to look after them.

17. A child in the age of seven or eight needs a little push.

18. The police did their best to rescue the hostages but in vain.

19. Pay attention when refuelling and try not to spill any petrol.

20. Everyone should pay attention to avoiding stressful situations.

21. When driving, you must give your best attention to what you are doing.

22. The road to the airport was very busy and we were afraid to miss the plane.

23. Switzerland has very little unemployment and in this case we are very lucky.
24. In case a woman goes out to work, she shouldn't have to do all the housework.
25. I advise you to eat something now in case there won't be any food when we get there.

ANSWERS

1. Soon you'll be my age. 2. I like all kinds of music. 3. None of us didn't want to go to bed. * 일반적으로 부정을 나타내는 동사와 함께 all/eveybody/everything 등을 쓰지 않고 긍정을 나타내는 동사와 함께 none/nobody/nothing 등을 쓴다. 4. Robert was a little boy of ten. 5. He's about fifty-five years old. 6. This decision changed her whole life. 7. All children learn to speak naturally. 8. She tried in vain to get him to listen.(또는 She tried to get him to listen but it was all in vain. 또는 She tried to get him to listen but to no avail.) 9. I didn't like the meal and couldn't eat it all. (또는 I didn't like the meal and couldn't eat all of it.) 10. As you all know, my name is Mary Smith. 11. People envy her because she is good at everything. 12. At the age of 15, you are allowed to drive a car. 13 People should pay more attention to what they eat. 14. I've been playing the piano since I was seven.(또는 I've been playing the piano since I was seven years old. 또는 I've been playing the piano since I was seven years of age.) 15. They have two children aged 8 and 12.(또는 They have two children, 8 and 12 years of age.) 16. Not all elderly parents have children to look after them. 17. A child of seven or eight needs a little push. 18. The police did their best to rescue the hostages but without success. 19. Be careful when refuelling and try not to spill any petrol. 20. Everyone should take care to avoid stressful situations. 21. When driving, you must give your full attention to what you are doing. 22. The road to the airport was very busy and we were afraid of missing the plane. 23. Switzerland has very little unemployment and in this respect we are very lucky. 24. If a woman goes out to work, she shouldn't have to do all the housework. 25. I advise you to eat something now in case there isn't any food when we get there.

찾아 보기

ㄱ, ㄴ, ㄷ.......

A, B ,C.......

알쏭달쏭 영문법 ②

초판인쇄 | 2016년 7월 15일
초판발행 | 2016년 7월 20일

지 은 이 | 서용득
발 행 인 | 현영덕
발 행 처 | 도서출판 YOUNG
등록번호 | 105-90-67568

주　　소 | 경기도 고양시 일산동구 호수로 358-25 (동문굿모닝타워2차 1005호)
전　　화 | 031) 904-7905~6
팩　　스 | 031) 904-7907
E-mail | youngpub@naver.com

ISBN　978-89-92843-83-6 94740　　[정가 23,000원]